小微企业信息报告和发票使用一本通

《小微企业办税一本通》系列丛书编写组 编

中国税务出版社

图书在版编目（CIP）数据

小微企业信息报告和发票使用一本通 /《小微企业办税一本通》系列丛书编写组编 . -- 北京：中国税务出版社，2020.2（2020.5重印）
（小微企业办税一本通）
ISBN 978-7-5678-0925-3

Ⅰ.①小… Ⅱ.①小… Ⅲ.①中小企业 – 发票 – 财务管理 – 中国 Ⅳ.① F279.243

中国版本图书馆 CIP 数据核字（2019）第 285226 号

版权所有·侵权必究

丛 书 名：	小微企业办税一本通
书　　　名：	小微企业信息报告和发票使用一本通
作　　　者：	《小微企业办税一本通》系列丛书编写组　编
责任编辑：	庞　博
实习编辑：	孙　琳
责任校对：	姚浩晴
技术设计：	刘冬珂
出版发行：	中国税务出版社
	北京市丰台区广安路 9 号国投财富广场 1 号楼 11 层
	邮政编码：100055
	http://www.taxation.cn
	E-mail：swcb@taxation.cn
	发行中心电话：（010）83362083/85/86
	传真：（010）83362047/48/49
经　　　销：	各地新华书店
印　　　刷：	保定市中画美凯印刷有限公司
规　　　格：	787 毫米 ×1092 毫米　1/16
印　　　张：	6.75
字　　　数：	100000 字
版　　　次：	2020 年 2 月第 1 版　2020 年 5 月第 2 次印刷
书　　　号：	ISBN 978-7-5678-0925-3
定　　　价：	24.00 元

如有印装错误　本社负责调换

序言 Preface

　　小微企业是中国经济不可或缺的组成部分。李克强总理指出，小微企业不仅是吸纳就业的"主力军"，更是激励创新、带动投资、促进消费的重要"生力军"。

　　近年来，税务机关在优化纳税服务、营造优质便捷的税收营商环境方面突破创新，持续开展"便民办税春风行动"，开通电子税务局"一网通办"，在实体办税服务厅实行"一窗通办"，推行现场办理"最多跑一次"等改革举措，为小微企业纳税人办税提供了更多便利。为进一步优化小微企业纳税人便捷办理涉税业务，优化营商环境，国家税务总局纳税服务司经过充分调研，在《全国税务机关纳税服务规范（3.0版）》的基础上，从小微企业办税的视角，精心编写了《小微企业办税一本通》系列丛书。丛书采用故事的形式，将涉税事项、情景案例串联起来，对小微企业生产经营过程中常见涉税事项的办理规范进行了系统介绍，内容涵盖小微企业设立登记、发票使用、申报缴税等日常涉税业务；并从便捷网上办税的角度，对涉税业务重新梳理、模块化分类，编写申报表填写示例，提升内容的可读性和实用性，使读者既方便查阅，又易于学习，引导小微企业对基础办税事项从入门到掌握。

本书为《小微企业办税一本通》系列丛书的第一册，主要内容是信息报告和发票开具，是初创期小微企业办理各类信息报告和掌握发票使用的简明指南，也是计划创业者认识税收，为经营打基础的"敲门砖"。

本丛书适用对象为在我国境内注册成立的小微企业，主要为享受2019年小微企业普惠性税收减免政策的纳税人。由于办税流程具有通用性，丛书内容对除小微企业以外的其他企业也具有参考意义。

需要说明的是，本书所涉政策文件截至2019年9月30日。伴随着减税降费政策的迭代和变化，本书部分内容可能不符合您阅读时的最新政策，请以最新政策和税务机关的解释为准。

特别鸣谢在本书编纂过程中，对书籍内容、结构作出重要贡献的国家税务总局相关司局、贵州省税务局、浙江省税务局和重庆市税务局。

《小微企业办税一本通》系列丛书编写组

2019年9月30日

目录 Contents

信息报告篇

1 新办企业信息报告 ·· 3
   1.1 "一照一码"户登记信息确认 ································· 3
   1.2 "两证整合"个体工商户登记信息确认 ····················· 4
   1.3 纳税人身份信息报告 ·· 4
   1.4 实名信息采集 ·· 7
   1.5 存款账户账号报告 ·· 8
   1.6 财务会计制度及核算软件备案报告 ·························· 9
   1.7 授权（委托）划缴协议 ·· 10
   1.8 增值税一般纳税人登记 ·· 12

2 信息变动情况报告 ··· 17
   2.1 "一照一码"户信息变更 ······································ 17
   2.2 "两证整合"个体工商户信息变更 ··························· 18
   2.3 欠税人处置不动产或大额资产报告 ·························· 19
   2.4 纳税人合并分立情况报告 ····································· 20

2.5	发包、出租情况报告	21
2.6	定期定额户停（复）业报告	22
2.7	企业年金、职业年金扣缴报告	24
2.8	个人所得税递延纳税报告	25
2.9	个人所得税分期缴纳报告	35
2.10	天使投资个人所得税投资抵扣报告	37
2.11	有限合伙制创投企业个人所得税投资抵扣报告	39

3 跨区经营情况报告 ... 41

3.1	跨区域涉税事项报告	41
3.2	跨区域涉税事项报验	42
3.3	跨区域涉税事项反馈	43

4 税务注销 ... 48

4.1	企业纳税人税务注销	48
4.2	个体工商户税务注销	54

发票使用篇

5 发票代开 ... 60

5.1	代开增值税普通发票	60
5.2	代开增值税专用发票	62
5.3	代开发票作废	66

6 发票领用和开具 ... 68

6.1	首次申领增值税发票	68
6.2	非首次申领增值税发票	71
6.3	增值税专用发票（增值税税控系统）最高开票限额申请	74
6.4	增值税税控系统专用设备发行（变更、注销）	76

6.5　存根联数据采集 …………………………………… 78
　　6.6　红字增值税专用发票开具申请 …………………… 79
　　6.7　发票缴销 …………………………………………… 82
　　6.8　发票、税控系统专用设备遗失（损毁）报告 …… 84

7　其他发票业务 …………………………………………… 88
　　7.1　发票认证 …………………………………………… 88
　　7.2　未按期申报增值税扣税凭证继续抵扣申请 ……… 92
　　7.3　逾期增值税抵扣凭证抵扣申请 …………………… 94
　　7.4　海关缴款书核查申请 ……………………………… 97
　　7.5　发票真伪鉴别 ……………………………………… 98

信息报告篇

　　李小微和王小税是大学好友。李小微从小就表现出商业天赋，大学时就靠着"代取快递""寝室便利店"等业务，成为了校园里的小老板，毕业后一直在寻找好的创业项目。王小税学习认真，做事仔细，毕业后通过公务员考试成为了一名税务干部。最近，终于决定了创业方向的李小微却发了愁。只做过校园商人的李小微，听说新办企业要到市场监管、税务等部门办理登记还要提交各种资料心里就直打鼓。他想着商业机会稍纵即逝，哪有时间弄那些烦琐的事项啊。于是他找到了好友王小税。

　　王小税听说了李小微的创业打算，告诉他不用愁，说："现在国家大力优化营商环境、推进'放管服'改革，新办企业早就不用'跑断腿'啦！只要资料齐备，到当地政府的政务服务中心就可以实现市场监管、税务等事项'一条龙'办理啦！你拿到营业执照之后，只要在税务机关做好登记信息确认，就可以开始创业、出任 CEO、走向人生巅峰啦！"

小微企业领取营业执照或经有关部门批准设立后，就与市场监管、税务、人社、统计等行政管理部门产生了联系。近年来，在党中央、国务院的部署下，市场监管、税务等部门深入推进"多证合一、一照一码"改革，营业执照上登载的18位统一社会信用代码，是小微企业在全国通行的"身份证号"，是小微企业办理涉税业务的"身份标识"。

登记信息确认是小微企业履行纳税义务、办理涉税业务的第一步。传统的税务登记办理模式已随着大数据应用的深入而发生重大变革，市场监管和税务部门之间实现了企业基础信息的共享和传递。小微企业在取得营业执照后，不再需要在30日内到主管税务机关办理税务登记，只需要在首次办理涉税业务时对市场监管部门共享信息进行确认和补充。小微企业发生登记信息变更、合并分立、发包出租等生产经营信息变动时，需要向主管税务机关及时报告信息变动情况，发生跨区域经营事项时也需及时报告跨区经营情况。

随着信息技术在税务领域的广泛应用，小微企业办理涉税业务的渠道更加多元化。小微企业可选择通过电子税务局、自然人税收管理系统、自助办税终端、移动终端等，完成基本信息报送、办理纳税申报、缴纳税款、开具涉税证明等业务，还可以学习税收政策、咨询涉税问题、反映涉税诉求。办税服务厅地址、电子税务局网址可在省税务机关门户网站或拨打12366纳税服务热线查询，小微企业可以根据自身的办税习惯、办税需求选择办税渠道、办税场所，"就近办、一门办、一次办"的便捷实体办税渠道更加贴近纳税人，"线上查、线上问、线上办"的指尖办税已逐渐成为大多数办税人员的工作习惯。

1 新办企业信息报告

小微企业办理营业执照，或经有关部门批准设立后，在首次办理发票或申报缴税等涉税事宜时，需要将新办纳税人法定义务事项向税务机关报告。为压缩新办纳税人开办时间，税务机关为新办纳税人提供"套餐式"服务，一次性办结多个涉税事项。

新办纳税人需向税务机关报告的法定义务事项主要包括："一照一码"户登记信息确认、"两证整合"个体工商户登记信息确认、纳税人身份信息报告、实名信息采集、存款账户账号报告、财务会计制度及核算软件备案报告、授权（委托）划缴协议、增值税一般纳税人登记。

1.1 "一照一码"户登记信息确认

1.1.1 事项概述

新设立登记的企业、农民专业合作社领取加载统一社会信用代码的营业执照后，无须再进行税务登记，不再领取税务登记证。纳税人首次办理涉税事项时，对《"多证合一"登记信息确认表》中不完整的信息进行补充，对不准确的信息进行更正，对需要更新的信息进行补正。对于市场监管部门已采集的信息，纳税人不再重复报送。在完成税务相关信息采集后，纳税人凭营业执照可代替税务登记证使用。

1.1.2 报送资料

"一照一码"户登记信息确认无须提供资料。

1.1.3 办理结果

（1）通过办税服务厅（场所）申请办理的，领取《"多证合一"登记信息确认表》。

（2）通过电子税务局申请办理的，可在业务办理结束后，登录电子税务局自行打印《"多证合一"登记信息确认表》。

> **温馨提示**
>
> 税务机关为新办纳税人提供"套餐式"服务,"套餐"一般包括以下10个涉税事项:电子税务局开户、登记信息确认、财务会计制度及核算软件备案、纳税人存款账户账号报告、增值税一般纳税人登记、发票票种核定、增值税专用发票最高开票限额审批、实名办税、增值税税控系统专用设备初始发行、发票领用,纳税人可根据生产经营需要选择办理。

1.2 "两证整合"个体工商户登记信息确认

1.2.1 事项概述

新设立的个体工商户领取加载统一社会信用代码的营业执照后,无须再进行税务登记,不再领取税务登记证。纳税人首次办理涉税事项时,对税务机关从外部获取的个体工商户信息进行确认,对其中不完整的信息进行补充,对不准确的信息进行更正,对需要更新的信息进行补正。对于市场监管部门已采集的信息,纳税人不再重复报送。在完成税务相关信息采集后,纳税人凭营业执照可代替税务登记证使用。

1.2.2 报送资料

"两证整合"个体工商户登记信息无须提供资料。

1.2.3 办理结果

(1)通过办税服务厅(场所)申请办理的,领取《"多证合一"登记信息确认表》。

(2)通过电子税务局申请办理的,可在业务办理结束后,登录电子税务局自行打印《"多证合一"登记信息确认表》。

1.3 纳税人身份信息报告

1.3.1 事项概述

不适用"多证合一""两证整合"且满足以下情形的纳税人应办理纳

税人身份信息报告：

（1）取得统一社会信用代码，但批准部门为除市场监督管理部门之外其他有关部门批准设立的（如社会团体、律师事务所等）；

（2）因经营地址变更等原因，注销后恢复开业的；

（3）有独立的生产经营权、在财务上独立核算并定期向发包人或者出租人上交承包费或租金的承包承租人；

（4）境外企业在中国境内承包建筑、安装、装配、勘探工程和提供劳务的；

（5）从事生产、经营的纳税人，应经有关部门批准设立但未经有关部门批准的；

（6）非境内注册居民企业收到居民身份认定书的；

（7）根据税收法律、行政法规的规定负有扣缴税款义务的扣缴义务人，应当办理扣缴税款登记的。

上述纳税人（扣缴义务人）身份信息发生变化的，也通过办理纳税人（扣缴义务人）身份信息报告事项，将信息变化情况向税务机关报告。

1.3.2 报送资料

纳税人（扣缴义务人）办理身份信息报告事项需要报送的资料见表1-1。

表1-1 　　　　　纳税人身份信息报告报送资料

序号	必报资料	数量	备注
1	《纳税人基础信息报告表》	2份	
2	法定代表人（负责人）居民身份证、护照或其他证明身份的合法证件	1份	原件查验后退回
以下为条件报送资料			
经有关部门登记（或批准、归口管理）的	登记证件原件及复印件	1份	原件查验后退回
承包承租人及境外企业	报送项目合同或协议原件及复印件	1份	原件查验后退回
纳税人（扣缴义务人）身份信息发生变更	变更信息的有关资料或证明材料复印件	1份	

1.3.3 办理结果

（1）领取《临时税务登记证》（正本）和《临时税务登记证》（副本）等证件。

（2）已完成税务注销手续，但在市场监管部门未注销，恢复经营的纳税人，仅恢复税收征管系统内纳税人信息，不发放《税务登记证》（正、副本）。

> **温馨提示**
>
> （1）办理税务登记后，纳税人应按照法律、法规规定和税务机关确定的申报期限、申报内容按期进行相关税种的纳税申报。纳税申报的知识可参阅本系列丛书第二册《小微企业纳税申报一本通》。
>
> （2）履行代扣代缴义务的扣缴义务人，应当自扣缴义务发生之日起30日内，向机构所在地税务机关办理"纳税人（扣缴义务人）身份信息报告"。
>
> （3）境外注册中资控股居民企业应自收到居民身份认定书之日30日内向其主管税务机关办理"纳税人（扣缴义务人）身份信息报告"，向中国境内主要投资者登记注册地税务机关办理。
>
> （4）有独立的生产经营权、在财务上独立核算并定期向发包人或者出租人上交承包费或租金的承包承租人，应当自承包承租合同签订之日起30日内，向承包承租业务发生地税务机关办理"纳税人（扣缴义务人）身份信息报告"。
>
> （5）境外企业在中国境内承包建筑、安装、装配、勘探工程和提供劳务的，应当自项目合同或协议签订之日起30日内向项目所在地税务机关办理"纳税人（扣缴义务人）身份信息报告"。
>
> （6）从事生产、经营的纳税人，应经有关部门批准设立但未经有关部门批准的，应当自纳税义务发生之日起30日内向生产、经营所在地税务机关办理"纳税人（扣缴义务人）身份信息报告"。

1.4 实名信息采集

1.4.1 事项概述

纳税人的法定代表人（负责人、业主）以及由其授权的办税人员（包括税务代理人）应按税务机关要求进行身份信息采集、比对、确认。

1.4.2 报送资料

办理实名信息采集需要报送的资料见表1-2。

表1-2　　　　　　　　　实名信息采集报送资料

序号	必报资料	数量	备注
1	采集实名信息人员的有效身份证件	1份	原件查验后退回
以下为条件报送资料			
办税人员是指财务负责人、办税员、发票领购员或被法定代表人（负责人、业主）授权的其他人员	《纳税人办税授权委托书》原件	1份	
税务代理人	税务代理合同（协议）	1份	

> **温馨提示**
>
> （1）身份证件类型包括中华人民共和国居民身份证、中华人民共和国临时居民身份证、港澳通行证、台湾居民来往大陆通行证、外国公民护照、外国人永久居留证。
>
> （2）法定代表人（负责人、业主）是否需要进行实名信息采集由各省税务机关确定。以下三种类型的法定代表人（负责人、业主）应办理实名信息采集：纳税信用级别为D级、列入税收违法"黑名单"的纳税人的法定代表人（负责人、业主），以及列入"涉税违法风险纳税人名录库"的法定代表人（负责人、业主）。

（3）已办理实名信息采集的相关人员，申请办理实名办税事项时，仅需提供本人有效身份证件，经税务机关比对相符后即可办理，不再提供身份证件和登记证件复印件等资料。

（4）实名办税事项是指按照规定应提供纳税人登记证件、办税人员身份证件方可办理的涉税事项，具体事项范围由各省税务机关确定。

1.5 存款账户账号报告

1.5.1 事项概述

依照法律、行政法规规定，从事生产、经营的纳税人在开立或者变更存款账户后，应将全部账号向主管税务机关报告。从事生产、经营的纳税人应当自开立基本存款账户或者其他存款账户之日起15日内，向主管税务机关书面报告其全部账号；发生变化的，应当自发生变化之日起15日内，向主管税务机关报告。

1.5.2 报送资料

办理存款账户账号报告需要报送的资料见表1-3。

表1-3　　　　　　　　存款账户账号报告报送资料

序号	必报资料	数量	备注
1	《纳税人存款账户账号报告表》	2份	
2	开户银行许可证或账户、账号开立证明复印件	1份	取消企业银行账户开户许可证核发的试点地区无须报送；其他地区仍须报送

1.5.3 办理结果

（1）通过办税服务厅（场所）申请办理的，领取《纳税人存款账户账号报告表》。

（2）通过电子税务局申请办理的，可在业务办理结束后，登录电子税务局自行打印《纳税人存款账户账号报告表》。

> **温馨提示**
>
> （1）根据《中华人民共和国税收征收管理法》第六十条规定，未按照规定将其全部银行账号向税务机关报告的，由税务机关责令限期改正，可以处2000元以下的罚款；情节严重的，处2000元以上10000元以下的罚款。
>
> （2）纳税人未按规定进行存款账户账号报告的，将影响纳税信用评价结果。
>
> （3）已取消企业银行账户开户许可证核发的试点地区，无须报送银行开户许可证复印件，只需提供账户编号以代替核准号使用。

1.6 财务会计制度及核算软件备案报告

1.6.1 事项概述

纳税人应当自首次办理涉税事项之日起15日内，将其财务、会计制度或者财务、会计处理办法等信息报送税务机关备案。

（1）纳税人使用计算机记账的，还应在使用前将会计电算化系统的会计核算软件、使用说明书及有关资料报送主管税务机关备案。

（2）境外注册中资控股居民企业应当按照中国有关法律、法规和国务院财政、税务主管部门的规定，编制财务、会计报表，并在领取税务登记证件之日起15日内将企业的财务、会计制度或者财务会计、处理办法及有关资料报送主管税务机关备案。

1.6.2 报送资料

办理财务会计制度及核算软件备案报告需要报送的资料见表1-4。

表1-4　　　　　财务会计制度及核算软件备案报告报送资料

序号	必报资料	数量	备注
1	《财务会计制度及核算软件备案报告书》	2份	

续表

序号	必报资料	数量	备注
2	纳税人财务、会计制度或纳税人财务、会计核算办法	1份	
3	财务会计核算软件、使用说明书复印件	1份	

1.6.3 办理结果

（1）通过办税服务厅（场所）申请办理的，领取《财务会计制度及核算软件备案报告书》。

（2）通过电子税务局申请办理的，可在业务办理结束后，登录电子税务局自行打印《财务会计制度及核算软件备案报告书》。

温馨提示

（1）根据《中华人民共和国税收征收管理法》第六十条规定，未按照规定将财务、会计制度或者财务、会计处理办法和会计核算软件报送税务机关备查的，由税务机关责令限期改正，可以处2000元以下的罚款；情节严重的，处2000元以上10000元以下的罚款。

（2）未按照规定将财务、会计制度或者财务、会计处理办法和会计核算软件报送税务机关备案的，将影响纳税信用评价结果。

（3）纳税人使用计算机记账的，还应在使用前将会计电算化系统的会计核算软件、使用说明书及有关资料报送主管税务机关备案。

1.7 授权（委托）划缴协议

1.7.1 事项概述

纳税人需要使用电子缴税系统缴纳税费的，可以与税务机关、开户银行签署委托银行代缴税款三方协议或委托划转税款协议，由税务机关向开户银行发起划缴税款验证，实现使用电子缴税系统缴纳税费、滞纳金和罚款。

1.7.2 报送资料

授权（委托）划缴协议的输需要报送的资料见表1-5。

表1-5　　　　　　　　授权（委托）划缴协议报送资料

序号	必报资料	数量	备注
1	《委托银行代缴税款三方协议（委托划转税款协议书）》	3份	通过网签授权划缴税款协议的，不需要报送纸质协议到主管税务机关
2	经办人身份证件		原件查验后退回

1.7.3 办理结果

纳税人可以在主管税务机关办税服务厅或电子税务局查询验证结果，获取税务机关或商业银行反馈的《委托银行代缴税款三方协议（委托划转税款协议书）》。

> **温馨提示**
>
> （1）纳税人在办理"银税三方（委托）划缴协议"事项前，须先办理完成"存款账户账号报告"事项。
>
> （2）银行已开通网签服务的地区，纳税人签订《委托银行代缴税款三方协议（委托划转税款协议书）》时可全程网上办理。
>
> （3）银行未开通网签服务的地区，需要纳税人到开户银行办理协议签订。
>
> （4）纳税人名称与账户名称不一致，需要纳税人到开户银行进行面签。
>
> （5）纳税人在网上办理网签《委托银行代缴税款三方协议（委托划转税款协议书）》提示网上验证报错的，需要纳税人到开户银行核实账户信息。
>
> （6）纳税人使用符合《中华人民共和国电子签名法》规定条件的电子签名，与手写签名或者盖章具有同等法律效力。

1.8 增值税一般纳税人登记

1.8.1 事项概述

增值税纳税人年应税销售额超过财政部、国家税务总局规定的小规模纳税人标准的，除特殊规定外，应办理增值税一般纳税人登记。

年应税销售额未超过规定标准的纳税人，会计核算健全、能够提供准确税务资料的，可以办理一般纳税人登记。

1.8.2 报送资料

纳税人办理增值税一般纳税人登记需要报送的资料见表1–6。

表1–6　　　　　　增值税一般纳税人登记报送资料

序号	必报资料	数量	备注
1	《增值税一般纳税人登记表》	1份	
2	加载统一社会信用代码的营业执照（或税务登记证、组织机构代码证件）原件	1份	原件查验后退回；已实名认证的取消报送
3	经办人身份证件	1份	原件查验后退回

1.8.3 办理结果

（1）通过办税服务厅（场所）申请办理的，领取《税务事项通知书》和《增值税一般纳税人登记表》。

（2）通过电子税务局申请办理的，可在业务办理结束后，登录电子税务局自行打印《增值税一般纳税人登记表》。

> **温馨提示**
>
> （1）财政部、国家税务总局规定的增值税小规模纳税人标准为年应征增值税销售额500万元及以下。年应税销售额，是指纳税人在连续不超过12个月或4个季度的经营期内累计应征增值税销售额。
>
> （2）纳税人应在年应税销售额超过规定标准的月份（季度）所属

申报期结束后15日内办理增值税一般纳税人登记或者选择按照小规模纳税人纳税的手续；未按规定时限办理的，应在收到《税务事项通知书》后5日内向主管税务机关办理相关手续；逾期未办理的，自通知时限期满的次月起按销售额依照增值税税率计算应纳税额，不得抵扣进项税额，直至办理相关手续为止。

（3）可不办理增值税一般纳税人登记的特殊规定是指：应税销售额超过规定标准的自然人不办理增值税一般纳税人登记；非企业性单位、年应税销售额超过规定标准且不经常发生应税行为的单位和个体工商户，可选择按照小规模纳税人纳税。

（4）税务机关核对后退还纳税人留存的《增值税一般纳税人登记表》可以作为纳税人成为增值税一般纳税人的凭据。

（5）纳税人登记为增值税一般纳税人后，不得转为小规模纳税人，国家税务总局另有规定的除外。

（6）对税收遵从度低的增值税一般纳税人，主管税务机关可以实行纳税辅导期管理。

（7）从事成品油销售的加油站、航空运输企业、电信企业总机构及其分支机构，一律由主管税务机关登记为增值税一般纳税人。

案例1-1

李先生是一家新成立公司A公司的财务负责人，公司法人出差了，受法人委托要去税务局给公司办理登记。李先生在办业务前先拨打了当地税务机关的咨询电话。

李先生：你好，我是A公司的财务，我们老板让我去税务局办登记，请问我应该去哪里办？

接听电话的小吴回答道：您好，您需要到您所属地的主管税务机关办税服务厅前台进行办理。

李先生：那我需要提供哪些资料？

小吴：您需要携带您本人的身份证件，还有公司公章、银行开户许可证、财务会计制度核算办法、财务会计核算软件使用说明书复印件。如果您的公司是"多证合一"的企业，您在办理时给我们提供公司的基本信息就行；如果您的公司不是"多证合一"的企业，那就要根据您公司的类型提供不同的资料。

李先生："多证合一"和非"多证合一"有什么区别？

小吴：如果您的公司是在市场监管部门领取营业执照的企业或者农民专业合作社，那就是属于"多证合一"的企业。如果您的公司是属于定期向发包人或者出租人上交承包费或租金的承包承租人并且有独立的生产经营权、在财务上独立核算的企业；在中国境内承包建筑、安装、装配、勘探工程和提供劳务的境外企业；没有经过有关部门批准设立的从事生产、经营的纳税人这几类的就不是"多证合一"的企业，在做信息确认的时候就需要带相关的登记证件原件和复印件。若是属于承租承包及境外企业还需要向税务机关报送项目合同的协议原件与复印件。

李先生：我们公司是属于"多证合一"的企业。老板本人来不了，暂时不能做实名认证，会不会影响公司后续的事项办理啊？

小吴：法人没有做实名认证，就只能完成公司的信息采集，是无法办理后续涉税事项的。公司的法人如果无法来办税服务厅现场进行实名认证，也可以在电子税务局里进行的，您可以告知一下您的老板。

李先生：好的，我们公司的银行开户许可证还没有办下来，该怎么办啊？

小吴：按规定，企业应在开立基本存款账户或者其他存款账户之日起30日内向主管税务机关报告，可以通过电子税务局，也可以到办税服务厅办理。如果公司未按照规定进行存款账户账号报告，将会影响纳税信用评价结果。您记得在时限内办理就可以。在您的银行存款账户账号报告后，您还可以与主管税务机关、开户银行签署一个委托银行代缴税款三方协议或委托划转税款协议。这样在公司产生税款时，您可以在电子税务局内直接通过银行将税款划缴，不用税务和公司两头跑了。

李先生：签了这样的协议缴税就方便多了，我想签协议需要到银行办理吗？

小吴：是的，签订三方协议后您还需要去银行进行验证。

李先生：好的，我还想咨询一个问题，就是我老婆开了一家小餐饮店，在市场监管部门那里领了营业执照，还没在税务部门办理过业务。如果她想领用发票，是不是和企业一样，要办理登记？

小吴：对，准备一样资料后办理。完成信息确认后就可以办理后续的涉税事宜了。

李先生：谢谢，那我把资料准备齐全了就来办理！

小吴：不用谢！不管是企业还是个体工商户，在税务办理登记后，就应该在法律法规和税务机关确定的申报期限内对相关税种进行纳税申报，企业同时还需要报送财务报表，这个您别忘记了。

李先生：行！谢谢提醒，拜拜。

小吴：再见！

请问：在上述对话中，小吴给李先生的解答有哪些错误的地方，并为纳税人正确解答。

解析

1. 根据《国家税务总局关于进一步推进"多证合一"工商共享信息运用工作的通知》（税总函〔2017〕402号）第二条规定，新设立登记的企业和农民专业合作社首次办理涉税事宜时，税务机关依据工商部门共享的登记信息制作《"多证合一"登记信息确认表》，提醒纳税人对其中不全的信息进行补充，对不准的信息进行更正，对需要更新的信息进行补正。

小吴在回答时要求李先生提供公司的营业执照到税务机关办理登记，是错误的。已实行"多证合一、一照一码"登记模式的纳税人，首次办理涉税事宜时，对税务机关依据市场监督管理等部门共享信息制作的《"多证合一"登记信息确认表》进行确认,对其中不全的信息进行补充,对不准确的信息进行更正。"一照一码"户登记信息确认无须提供材料。

2.根据《全国税务机关纳税服务规范(3.0版)》,纳税人办理"一照一码"户登记信息确认,可通过办税服务厅(场所)、电子税务局办理。

李先生在向小吴询问办理渠道时,小吴回答在办税服务厅办理,并不完全正确。在办理信息报告事项时,纳税人还可通过电子税务局新办纳税人套餐式服务模块办理。

3.根据《中华人民共和国税收征收管理法》第十七条以及《中华人民共和国税收征收管理法实施细则》第十七条规定,从事生产、经营的纳税人在开立或者变更存款账户后,依照法律、行政法规规定,将全部账号向税务机关报告;从事生产、经营的纳税人应当自开立基本存款账户或者其他存款账户之日起15日内,向主管税务机关书面报告其全部账号;发生变化的,应当自发生变化之日起15日内,向主管税务机关书面报告。

小吴回答企业应在开立基本存款账户或者其他存款账户之日起30日内向主管税务机关报告,是错误的。应当自开立基本存款账户或者其他存款账户之日起15日内。

为方便纳税人办理"银税三方(委托)划缴协议"业务,各省电子税务局、各商业银行也陆续开通网签三方协议的业务,纳税人通过电子税务局也可以办理"银税三方(委托)划缴协议"业务。

2 信息变动情况报告

纳税人在生产经营期内,基本信息发生变化或发生与纳税相关的重大事项,应在规定的期限内向主管税务机关报告。

纳税人应报告的事项包括:"一照一码"户信息变更,"两证整合"个体工商户信息变更,欠税人处置不动产或大额资产,纳税人合并分立,发包、出租情况,定期定额户停(复)业,企业年金职业年金扣缴,个人所得税递延纳税,个人所得税分期缴纳,天使投资个人所得税投资抵扣,有限合伙制创投企业个人所得税投资抵扣等。

2.1 "一照一码"户信息变更

2.1.1 事项概述

"一照一码"户因市场监管等部门登记信息发生变更的,向市场监督管理等部门申报办理信息变更。税务机关接收市场监管等部门变更信息,经纳税人确认后更新税收征管系统内的对应信息。

"一照一码"户生产经营地、财务负责人等非市场监管等部门登记信息发生变化时,向主管税务机关申报办理变更信息报告。

2.1.2 报送资料

"一照一码"户信息变更需要报送的资料见表2-1。

表2-1　　　　　　　　"一照一码"户信息变更报送资料

序号	必报资料	数量	备注
1	经办人身份证件	1份	原件查验后退回
以下为条件报送资料			
非市场监管等部门登记信息发生变化	变更信息的有关材料复印件	1份	

2.1.3 办理结果

（1）通过办税服务厅（场所）申请办理的，领取《变更税务登记表》。

（2）通过电子税务局申请办理的，可在电子税务局查询业务办理情况。

> **温馨提示**
>
> （1）如果纳税人生产经营地址变更，涉及变更主管税务机关的，应持有关证件和资料，向原税务登记机关申报办理注销税务登记，并向迁入地税务机关申报办理税务登记。部分省份已实行纳税人省内迁移手续简化办理。
>
> （2）变更纳税人名称的，应同时办理存款账户账号报告的账户名称变更。
>
> （3）被调查企业在税务机关实施特别纳税调查调整期间，申请变更经营地址的，税务机关在调查结案前原则上不予办理变更手续。

2.2 "两证整合"个体工商户信息变更

2.2.1 事项概述

"两证整合"个体工商户信息发生变化的，应向市场监督管理部门申报信息变更，税务机关接收市场监管部门变更信息，经纳税人确认后更新税收征管系统内的对应信息；经纳税人申请，也可由税务机关发起变更。其中，纳税人名称、纳税人识别号、业主姓名、经营范围不能由税务机关发起。

2.2.2 报送资料

"两证整合"个体工商户信息变更无须提供材料。

2.2.3 办理结果

（1）通过办税服务厅（场所）申请办理的，领取《变更税务登记表》。

（2）通过电子税务局申请办理的，可在电子税务局查询业务办理情况。

> **温馨提示**
>
> （1）如果纳税人生产经营地址变更，涉及变更主管税务机关的，应持有关证件和资料，向原税务登记机关申报办理注销税务登记。
>
> （2）变更纳税人名称的，应同时办理存款账户账号报告的账户名称变更。

2.3 欠税人处置不动产或大额资产报告

2.3.1 事项概述

欠缴税款数额较大（5万元以上）的纳税人在对其不动产或者大额资产进行转让、出租、出借、提供担保等处分之前，应当向税务机关报告。

2.3.2 报送资料

欠税人处置不动产或大额资产报告需要报送的资料见表2-2。

表2-2　　　　　欠税人处置不动产或大额资产报告报送资料

序号	必报资料	数量	备注
1	《欠税人处置不动产或大额资产报告表》	2份	
2	处置不动产或大额资产清单	1份	

2.3.3 办理结果

（1）通过办税服务厅（场所）申请办理的，领取《欠税人处置不动产或大额资产报告表》。

（2）通过电子税务局申请办理的，可在电子税务局查询业务办理情况。

> **温馨提示**
>
> 欠缴税款数额较大的纳税人处置其不动产或者大额资产之前，应当向税务机关报告，如果未履行报告义务，税务机关将对其进行责令限期改正。

2.4 纳税人合并分立情况报告

2.4.1 事项概述

纳税人有合并、分立情形的，应当向税务机关报告，并依法缴清税款。纳税人合并时未缴清税款的，由合并后的纳税人继续履行未履行的纳税义务；纳税人分立时未缴清税款的，分立后的纳税人对未履行的纳税义务承担连带责任。

2.4.2 报送资料

纳税人合并分立情况报告需要报送的资料见表2-3。

表2-3　　　　　　纳税人合并分立情况报告报送资料

序号	必报资料	数量	备注
1	《纳税人合并（分立）情况报告书》		报送数量根据合并（分立）的单位数量决定
2	合并、分立的批准文件或企业决议复印件	1份	原件查验后退回

2.4.3 办理结果

（1）通过办税服务厅（场所）申请办理的，领取《纳税人合并（分立）情况报告书》。

（2）通过电子税务局申请办理的，可在电子税务局查询业务办理情况。

> **温馨提示**
>
> 纳税人合并分立报告分为纳税人合并报告和纳税人分立报告两种情况，其中合并又分为吸收合并和新设合并，分立又分为存续分立和新设分立。发生吸收合并时，被吸收纳税人办理注销税务登记，吸收纳税人办理信息变更；新设合并时，原纳税人办理注销税务登记，新设纳税人办理信息报告。发生存续分立时，原纳税人办理信息变更，新分立纳税

人办理信息报告；发生新设分立时，原纳税人办理注销税务登记，新分立纳税人办理信息报告。

2.5 发包、出租情况报告

2.5.1 事项概述

发包人（出租人）应当自发包（出租）之日起30日内，将承包人（承租人）的有关情况向税务机关报告。

2.5.2 报送资料

发包、出租情况报告需要报送的资料见表2-4。

表2-4　　　　　　　发包、出租情况报告报送资料

序号	必报资料	数量	备注
1	承包（承租）协议合同复印件	1份	
2	经办人身份证件	1份	原件查验后退回

温馨提示

（1）除法律、行政法规另有规定外，承包人（承租人）有独立的生产经营权，在财务上独立核算，并定期向发包人（出租人）上交承包费（租金）的，承包人（承租人）应当就其生产、经营收入和所得纳税，并接受税务管理。

（2）发包人（出租人）没有报告发包、出租情况的，发包人（出租人）与承包人（承租人）承担纳税连带责任。

2.6 定期定额户停（复）业报告

2.6.1 事项概述

实行定期定额征收的个体工商户或比照定期定额户进行管理的个人独资企业暂停经营的，应当在停业前向主管税务机关办理停业报告。办理停业报告的纳税人，恢复生产经营的，应当向主管税务机关办理复业报告。

2.6.2 报送资料

定期定额户停（复）业报告需要报送的资料见表2–5。

表2–5　　　　　定期定额户停（复）业报告报送资料

序号	必报资料	数量	备注
1	《停业复业报告书》	2份	
以下为条件报送资料			
纳税人存在未缴存税务登记证件	税务登记证件原件、副本	—	停业时税务机关收存，复业时发还

2.6.3 办理结果

（1）通过办税服务厅（场所）申请办理停业的，领取《停业复业报告书》；办理复业的，领取税务机关收存的税务登记证件、《发票领用簿》及未验旧、未使用的空白发票。

（2）通过电子税务局申请办理的，可在电子税务局查询业务办理情况。

> **温馨提示**
>
> （1）纳税人按照申报停业登记时的停业期限准期复业的，应当在停业到期前向主管税务机关申报办理复业登记；纳税人提前复业的，应当在恢复生产经营之前向主管税务机关申报办理复业登记。
>
> （2）纳税人停业期满不能及时恢复生产经营的，应当在停业期满

前到税务机关申报办理延长停业的报告。

（3）纳税人停业期满未按期复业又不申请延长停业的，视为已恢复生产经营，税务机关将纳入正常管理，并按核定税额按期征收税款。

（4）纳税人的停业期限不得超过一年。

案例 2-1

某"两证整合"个体工商户业主王先生对经营门面进行装修，装修期间停止营业。2019年1月，业主王先生携带相关资料前往某税务局窗口办理2—3月停业报告，他需要注意的事项有哪些？如果3月装修提前结束需要复业，他又应该如何办理？

解析

根据《个体工商户税收定期定额征收管理办法》（国家税务总局令第16号）第二十一条规定："定期定额户发生停业的，应当在停业前向税务机关书面提出停业报告；提前恢复经营的，应当在恢复经营前向税务机关书面提出复业报告；需延长停业时间的，应当在停业期满前向税务机关提出书面的延长停业报告。"

1. 该个体工商户业主王先生在申报办理停业登记时，应如实填写《停业复业报告书》，说明停业理由、停业期限、停业前的纳税情况和发票的领、用、存情况，并结清应纳税款、滞纳金、罚款。

2. 个体工商户的停业期限不得超过一年，如个体工商户在停业到期前提前复业，应当在恢复生产经营之前向主管税务机关申报办理复业登记；未按期复业又不申请延长停业的，视为已恢复生产经营，税务机关将纳入正常管理，并按核定税额按期征收税款。

2.7 企业年金、职业年金扣缴报告

2.7.1 事项概述

实行补充养老保险制度，建立年金计划的企、事业单位应在建立年金计划的次月 15 日内，向所在地主管税务机关报告企业年金、职业年金情况。年金方案、受托人、托管人发生变化的，应于发生变化的次月 15 日内重新报告。

2.7.2 报送资料

企业年金、职业年金扣缴报告需要报送的资料见表 2-6。

表 2-6　　　　　企业年金、职业年金扣缴报告报送资料

序号	必报资料	数量	备注
1	年金方案复印件	1 份	
2	人力资源社会保障部门出具的方案备案函、计划确认函复印件	1 份	
3	经办人身份证件	1 份	原件查验后退回

> **温馨提示**
>
> 　　建立年金计划的单位、年金托管人，应按照税收法律、法规的规定，实行全员全额扣缴明细申报。

案例 2-2

　　2019 年 4 月，A 事业单位已依法参加养老保险拟开始实施补充养老保险制度。A 事业单位制订了单位年金计划，并取得了人力资源社会保障部门出具的方案备案函、计划确认函。该事业单位财务人员于 5 月

20日前往主管税务机关办税服务厅办理职业年金扣缴报告。该事业单位进行代扣代缴个人所得税申报时，没有将超过缴付标准的年金个人缴费部分并入个人当期工资薪金所得进行代扣代缴申报。该纳税人涉税业务处理存在哪些不当之处？

解析

根据《财政部 人力资源社会保障部 国家税务总局关于企业年金 职业年金个人所得税有关问题的通知》（财税〔2013〕103号）第四条规定："建立年金计划的单位应于建立年金计划的次月15日内，向其所在地主管税务机关报送年金方案、人力资源社会保障部门出具的方案备案函、计划确认函以及主管税务机关要求报送的其他相关资料。年金方案、受托人、托管人发生变化的，应于发生变化的次月15日内重新向其主管税务机关报送上述资料。"第一条第三款规定，超过规定的标准缴付的年金单位缴费和个人缴费部分，应并入个人当期的工资、薪金所得，依法计征个人所得税。税款由建立年金的单位代扣代缴，并向主管税务机关申报解缴。

1. A事业单位如未按照规定的期限（次月15日内）报送年金方案等资料，应在税务机关责令的限期内改正。

2. A事业单位未对超过缴付标准的年金个人缴费部分进行全员全额扣缴明细申报，应及时向税务机关申请代扣代缴个人所得税的申报补正。

2.8 个人所得税递延纳税报告

2.8.1 事项概述

（1）非上市公司股权激励个人所得税递延纳税备案

非上市公司授予本公司员工的股票期权、股权期权、限制性股票和股权奖励，符合规定条件的，经向主管税务机关备案，可实行递延纳税政策，即员工在取得股权激励时可暂不纳税，递延至转让该股权时纳税；股权转让时，按照股权转让收入减除股权取得成本以及合理税费后的差额，适用"财产转让所得"项目，按照20%的税率计算缴纳个人所得税。股票（权）期权取得成本按行权价确定，限制性股票取得成本按实际出资额确定，股权奖励取得成本为零。

（2）上市公司股权激励个人所得税延期纳税备案

上市公司授予个人的股票期权、限制性股票和股权奖励，经向主管税务机关备案，个人可自股票期权行权、限制性股票解禁或取得股权奖励之日起，在不超过12个月的期限内缴纳个人所得税。

（3）技术成果投资入股个人所得税递延纳税备案

个人以技术成果投资入股到境内居民企业，被投资企业支付的对价全部为股票（权）的，经向主管税务机关备案，投资入股当期可暂不纳税，允许递延至转让股权时按股权转让收入减去技术成果原值和合理税费后的差额计算缴纳所得税。个人选择适用上述任一政策，均允许被投资企业按技术成果投资入股时的评估值入账并在企业所得税前摊销扣除。

（4）个人所得税递延纳税情况年度报告

个人因非上市公司实施股权激励或以技术成果投资入股取得的股票（权），实行递延纳税期间，扣缴义务人应于每个纳税年度终了后30日内，向主管税务机关报送《个人所得税递延纳税情况年度报告表》。

（5）企业年金、职业年金个人所得税递延纳税备案

企业和事业单位（以下统称单位）根据国家有关政策规定的办法和标准，为在本单位任职或者受雇的全体职工缴付的企业年金或职业年金（以下统称年金）单位缴费部分，在计入个人账户时，个人暂不缴纳个人所得税。个人根据国家有关政策规定缴付的年金个人缴费部分，在不超过本人缴费工资计税基数的4%标准内的部分，暂从个人当期的应纳税所得额中扣除。年金托管人在第一次代扣代缴年金领取人的个人所得税时，应在《个人所得税基础信息表（A表）》"备注"中注明"年金领取"字样。

2.8.2 报送资料

（1）非上市公司实施符合条件的股权激励需要报送的资料见表2-7。

表 2-7　　　　　非上市公司实施符合条件的股权激励报送资料

序号	必报资料	数量	备注
1	《非上市公司股权激励个人所得税递延纳税备案表》	2份	
2	股权激励计划复印件	1份	
3	董事会或股东大会决议等复印件	1份	
4	激励对象任职或从事技术工作情况说明	1份	
5	实施股权奖励的企业同时报送本企业及其奖励股权标的企业上一纳税年度主营业务收入构成情况说明	1份	
6	经办人身份证件	1份	原件查验后退回

（2）上市公司实施股权激励需要报送的资料见表 2-8。

表 2-8　　　　　　　上市公司实施股权激励报送资料

序号	必报资料	数量	备注
1	《上市公司股权激励个人所得税延期纳税备案表》	2份	
2	股权激励计划复印件	1份	
3	董事会或股东大会决议复印件	1份	
4	经办人身份证件	1份	原件查验后退回

（3）个人以技术成果投资入股境内公司并选择递延纳税需要报送的资料见表 2-9。

表2-9　　个人以技术成果投资入股境内公司并选择递延纳税报送资料

序号	必报资料	数量	备注
1	《技术成果投资入股个人所得税递延纳税备案表》	2份	
2	技术成果相关证书或证明材料复印件	1份	
3	技术成果投资入股协议复印件	1份	
4	技术成果评估报告	1份	
5	经办人身份证件	1份	原件查验后退回

（4）个人因非上市公司实施股权激励或以技术成果投资入股取得的股票（权）实行递延纳税期间需要报送的资料见表2-10。

表2-10　　个人因非上市公司实施股权激励或以技术成果投资入股取得的股票（权）实行递延纳税报送资料

序号	必报资料	数量	备注
1	《个人所得税递延纳税情况年度报告表》	2份	
2	经办人身份证件	1份	原件查验后退回

（5）建立年金计划的单位需要报送的资料见表2-11。

表2-11　　建立年金计划的单位报送资料

序号	必报资料	数量	备注
1	《企业年金、职业年金个人所得税递延纳税备案表》	2份	
2	经办人身份证件	1份	原件查验后退回

2.8.3 办理结果

（1）通过办税服务厅（场所）申请办理的，领取备案表或报告表。

（2）通过电子税务局申请办理的，可在电子税务局查询业务办理情况。

> **温馨提示**
>
> （1）未办理备案手续的，不得享受递延纳税优惠政策。
>
> （2）个人所得税递延纳税报告的办理时限：
>
> ① 非上市公司实施符合条件的股权激励，个人选择递延纳税的，非上市公司应于股票（权）期权行权、限制性股票解禁、股权奖励获得的次月15日内，向主管税务机关报送；
>
> ② 上市公司实施股权激励，个人选择在不超过12个月期限内缴税的，上市公司应自股票期权行权、限制性股票解禁、股权奖励获得的次月15日内，向主管税务机关报送；
>
> ③ 个人以技术成果投资入股境内公司并选择递延纳税的，被投资公司应于取得技术成果并支付股权的次月15日内，向主管税务机关报送；
>
> ④ 个人因非上市公司实施股权激励或以技术成果投资入股取得的股票（权），实行递延纳税期间，扣缴义务人应于每个纳税年度终了后30日内，向主管税务机关报送；
>
> ⑤ 建立年金计划的单位应于建立年金计划的次月15日内，向其所在地主管税务机关报送。
>
> （3）股权激励计划所列内容不同时满足递延纳税全部条件，或递延纳税期间公司情况发生变化，不再符合递延纳税条件的，应于情况发生变化的次月15日内，按规定计算缴纳个人所得税。
>
> （4）员工取得符合条件、实行递延纳税政策的股权激励，与不符合递延纳税条件的股权激励应当分别计算。
>
> （5）企业实施股权激励或个人以技术成果投资入股，以实施股权激励或取得技术成果的企业为个人所得税扣缴义务人。递延纳税期间，扣缴义务人应在每个纳税年度终了后向主管税务机关报告递延纳税有关情况。

案例 2-3

A公司为符合条件的股权激励的非上市公司，A公司于符合条件的股票（权）期权行权、限制性股票解禁、股权奖励获得的次月15日内报送《非上市公司股权激励个人所得税递延纳税备案表》（见表2-12）。A公司应如何填写备案表？

解析

根据《国家税务总局关于股权激励和技术入股所得税征管问题的公告》（国家税务总局公告2016年第62号）第一条第五款规定，非上市公司实施符合条件的股权激励，个人选择递延纳税的，非上市公司应于股票（权）期权行权、限制性股票解禁、股权奖励获得之次月15日内，向主管税务机关报送《非上市公司股权激励个人所得税递延纳税备案表》、股权激励计划、董事会或股东大会决议、激励对象任职或从事技术工作情况说明等。实施股权奖励的企业同时报送本企业及其奖励股权标的企业上一纳税年度主营业务收入构成情况说明。A公司报送《非上市公司股权激励个人所得税递延纳税备案表》填写说明如下：

1. 公司基本情况

（1）"公司名称"栏填写实施股权激励的非上市公司法定名称全称。

（2）"纳税人识别号"栏填写纳税人识别号或统一社会信用代码。

（3）"联系人、联系电话"栏填写非上市公司负责办理股权激励及相关涉税事项人员的相关情况。

2. 股权激励基本情况

（1）"股权激励形式"栏根据实施股权激励的形式勾选。

（2）"股权激励人数"栏填写股权激励计划中被激励对象的总

人数。

（3）"近6个月平均人数"栏填写股票（权）期权行权、限制性股票解禁、股权奖励获得的上月起向前6个月"工资、薪金所得"项目全员全额扣缴明细申报的平均人数。例如，某公司实施一批股票期权并于2019年1月行权，则按照该公司2018年7—12月"工资、薪金所得"项目全员全额扣缴明细申报的平均人数计算。计算结果按四舍五入取整。

（4）"实施股权奖励公司"栏填写实施股权奖励企业的有关情况。

① "本公司是否为限制性行业"栏：实施股权奖励公司根据本公司上一纳税年度主营业务收入占比最高的行业，确定是否属于《财政部　国家税务总局关于完善股权激励和技术入股有关所得税政策的通知》（财税〔2016〕101号）附件《股权奖励税收优惠政策限制性行业目录》所列行业。属于所列行业选"是"，不属于所列行业选"否"。

② "标的公司名称""标的公司是否为限制性行业""标的公司纳税人识别号"栏：以技术成果投资入股到其他境内居民企业所取得的股权实施股权奖励的，填写本栏，以本公司股权为股权奖励标的，无须填报本栏。

a."标的公司名称"栏：以其他境内居民企业股权实施股权奖励的，填写用以实施股权奖励的股权标的公司法定名称全称；

b."标的公司纳税人识别号"栏：以其他境内居民企业股权实施股权奖励的，填写用以实施股权奖励的股权标的公司的纳税人识别号或统一社会信用代码；

c."标的公司是否限制性行业"栏：以其他境内居民企业股权实施股权奖励的，根据标的公司上一纳税年度主营业务收入占比最高的行业，确定是否属于《财政部　国家税务总局关于完善股权激励和技术入股有关所得税政策的通知》（财税〔2016〕101号）附件《股权奖励税收优惠政策限制性行业目录》所列行业。属于所列行业选"是"，不属于所列行业选"否"。

3. 股权激励明细情况

（1）"姓名"栏填写纳税人姓名。中国境内无住所个人，其姓名应当用中、外文同时填写。

（2）"身份证照类型"栏填写能识别纳税人唯一身份的身份证、军官证、士兵证、护照、港澳居民来往内地通行证、台湾居民来往大陆通行证等有效证照名称。

（3）"身份证照号码"栏填写能识别纳税人唯一身份的号码。

（4）"股票（权）期权"栏由以股票（权）期权形式实施激励的企业填写本栏。没有则不填。其中：

① "授予日"栏填写股票（权）期权计划中，授予被激励对象股票（权）期权的实际日期。

② "行权日"栏填写根据股票（权）期权计划，行权购买股票（权）的实际日期。

③ "可出售日"栏填写根据股票（权）期权计划，股票（权）期权同时满足自授予日起持有满3年、且自行权日起持有满1年条件后，实际可以对外出售的日期。

④ "取得成本"栏填写被激励对象股票（权）期权行权时，按行权价实际出资的金额。

⑤ "股数、持股比例"栏填写被激励对象实际取得的股数以及对应的持股比例。若非上市公司因公司注册类型限制，难以用股数体现被激励对象股权激励权益的，可只填写持股比例，持股比例按照保留小数点后两位填写。

（5）"限制性股票"栏由以限制性股票形式实施激励的企业填写本栏。没有则不填。其中：

① "授予日"栏填写限制性股票计划中，授予被激励对象限制性股票的实际日期。

② "解禁日"栏填写根据限制性股票计划，被激励对象取得限制性股票达到规定条件而解除出售限制的具体日期。

③ "可出售日"栏填写根据限制性股票计划，限制性股票同时满

足自授予日起持有满 3 年、且解禁后持有满 1 年条件后,实际可以对外出售的日期。

④ "取得成本"栏填写被激励对象取得限制性股票时的实际出资金额。

⑤ "股数、持股比例"栏填写被激励对象实际取得的股数以及对应的持股比例。若非上市公司因公司注册类型限制,难以用股数体现被激励对象股权激励权益的,可只填写持股比例,持股比例按照保留小数点后两位填写。

(6) "股权奖励"栏由以股权奖励形式实施激励的企业填写。没有则不填。其中:

① "授予日"栏填写授予被激励对象股权奖励的实际日期。

② "可出售日"栏填写根据股权奖励计划,自获得奖励之日起持有满 3 年后,实际可以对外出售的日期。

③ "股数、持股比例"栏填写被激励对象实际取得的股数以及对应的持股比例。若非上市公司因公司注册类型限制,难以用股数体现被激励对象股权激励权益的,可只填写持股比例,持股比例按照保留小数点后两位填写。

非上市公司股权激励个人所得税递延纳税备案表表样见表 2-12。

表 2-12 非上市公司股权激励个人所得税递延纳税备案表

备案编号（主管税务机关填写）：

单位：股、%、人民币元（列至角分）

公司基本情况				
公司名称		纳税人识别号		
		联系人		联系电话

股权激励基本情况				
股权激励形式	□股票（权）期权 □限制性股票 □股权奖励	股权激励人数		近6个月平均人数
该栏仅由实施股权奖励的公司填写	本公司是否为限制性行业 □是 □否	标的公司名称		
	标的公司是否为限制性行业 □是 □否	标的公司纳税人识别号		

股权激励明细情况															
序号	姓名	身份证照类型	身份证照号码	股票（权）期权					限制性股票					股权奖励			
				授予日	行权日	可出售日	取得成本	持股比例	股数	授予日	解禁日	可出售日	取得成本	持股比例	股数	授予日	可出售日	股数	持股比例

2.9 个人所得税分期缴纳报告

2.9.1 事项概述

个人所得税纳税人按照政策规定，可以分期缴纳个人所得税的，应按规定由纳税人或扣缴义务人向主管税务机关报告。

（1）个人以非货币性资产投资一次性缴税有困难，选择自发生应税行为之日起不超过5个公历年度内（含）分期缴纳的，应当于取得被投资企业股权之日的次月15日内向主管税务机关办理报告备案。

（2）非上市公司及未在全国中小企业股份转让系统挂牌的中小高新技术企业以未分配利润、盈余公积、资本公积向个人股东转增股本时，个人股东一次缴纳个人所得税确有困难的，选择自发生应税行为之日起不超过5个公历年度内（含）分期缴纳的，应当于发生转增股本的次月15日内将有关资料报主管税务机关备案。

（3）高新技术企业转化科技成果，给予本企业相关技术人员的股权奖励，获得股权奖励的企业技术人员一次缴纳个人所得税有困难，选择自发生应税行为之日起不超过5个公历年度内（含）分期缴纳的，应当于发生股权奖励的次月15日内将有关资料报主管税务机关备案。

2.9.2 报送资料

个人所得税分期缴纳报告需要报送的资料见表2-13。

表2-13　　　　个人所得税分期缴纳报告报送资料

序号	必报资料	数量	备注
1	《个人所得税基础信息表（B表）》	2份	已采集自然人信息的无须报送
2	经办人身份证件	1份	原件查验后退回
以下为条件报送资料			
纳税人以非货币性资产投资需要分期缴纳个人所得税报送	《非货币性资产投资分期缴纳个人所得税备案表》	2份	

续表

纳税人以非货币性资产投资需要分期缴纳个人所得税报送	投资协议	1份	
	非货币性资产评估价格证明材料	1份	
	能够证明非货币性资产原值及合理税费的相关资料	1份	
企业转增股本涉及的股东需要分期缴纳个人所得税报送	《个人所得税分期缴纳备案表（转增股本）》	2份	
	高新技术企业认定证书原件及复印件	1份	
	股东大会或董事会决议原件及复印件	1份	
	上年度及转增股本当月企业财务报表	1份	已采集财务报表的无须报送
	转增股本有关情况说明	1份	
获得股权奖励的企业技术人员需要分期缴纳个人所得税报送	《个人所得税分期缴纳备案表（股权奖励）》	2份	
	高新技术企业认定证书原件及复印件	1份	
	股东大会或董事会决议原件及复印件	1份	
	相关技术人员参与技术活动的说明材料	1份	
	企业股权奖励计划	1份	
	能够证明非货币性资产原值及合理税费的相关资料	1份	
	能够证明股权或股票价格的有关材料	1份	
	企业转化科技成果的说明	1份	
	最近一期企业财务报表	1份	已采集财务报表的无须报送

2.9.3 办理结果

（1）通过办税服务厅（场所）申请办理的，领取《分期缴纳个人所得税备案表》。

（2）通过电子税务局申请办理的，可在电子税务局查询业务办理情况。

> **温馨提示**
>
> （1）非货币性资产投资个人所得税以发生非货币性资产投资行为并取得被投资企业股权的个人为纳税人，应按照"财产转让所得"项目，依法计算缴纳个人所得税。
>
> （2）纳税人以不动产投资的，以不动产所在地税务机关为主管税务机关；纳税人以其持有的企业股权对外投资的，以该企业所在地税务机关为主管税务机关；纳税人以其他非货币资产投资的，以被投资企业所在地税务机关为主管税务机关。
>
> （3）纳税人分期缴税期间提出变更原分期缴税计划的，应重新报送《非货币性资产投资分期缴纳个人所得税备案表》。

2.10 天使投资个人所得税投资抵扣报告

2.10.1 事项概述

天使投资个人投资初创科技型企业满2年的，可以按照投资额的70%抵扣转让该初创科技型企业股权取得的应纳税所得额。天使投资个人应于投资满24个月的次月15日内，与初创科技型企业共同向初创科技型企业主管税务机关办理个人所得税投资抵扣备案。

（1）本事项所指的天使投资个人，应同时符合以下条件：

① 不属于被投资初创科技型企业的发起人、雇员或其亲属（包括配偶、父母、子女、祖父母、外祖父母、孙子女、外孙子女、兄弟姐妹，下同），且与被投资初创科技型企业不存在劳务派遣等关系；

② 投资后2年内，本人及其亲属持有被投资初创科技型企业股权比例合计应低于50%。

（2）天使投资个人多次投资同一初创科技型企业的，应分次备案。

2.10.2 报送资料

天使投资个人所得税投资抵扣报告需要报送的资料见表2-14。

表2-14　　　　　天使投资个人所得税投资抵扣报告报送资料

序号	必报资料	数量	备注
1	《天使投资个人所得税投资抵扣情况表》	2份	
2	初创科技型企业主管税务机关受理的《天使投资个人所得税投资抵扣备案表》	1份	
3	《合伙创投企业个人所得税投资抵扣情况表》	2份	合伙创投企业情况报告

2.10.3 办理结果

（1）通过办税服务厅（场所）申请办理的，领取《天使投资个人所得税投资抵扣备案表》。

（2）通过电子税务局申请办理的，可在电子税务局查询业务办理情况。

> **温馨提示**
>
> （1）享受投资抵扣税收政策的天使投资个人，应同时符合以下条件：不属于被投资初创科技型企业的发起人、雇员或其亲属，且与被投资初创科技型企业不存在劳务派遣等关系；投资后2年内，本人及其亲属持有被投资初创科技型企业股权比例合计应低于50%。
>
> （2）天使投资个人投资的初创科技型企业注销清算的，应及时持《天使投资个人所得税投资抵扣备案表》到主管税务机关办理情况登记。
>
> （3）享受投资抵扣税收政策的投资，仅限于通过向被投资初创科技型企业直接支付现金方式取得的股权投资，不包括受让其他股东的存量股权。
>
> （4）个人合伙人在个人所得税年度申报时，应将当年允许抵扣的投资额填至《个人所得税经营所得纳税申报表（B表）》"允许扣除的其他费用"栏，并同时标明"投资抵扣"字样。

2.11 有限合伙制创投企业个人所得税投资抵扣报告

2.11.1 事项概述

有限合伙制创业投资企业采取股权投资方式直接投资于初创科技型企业满2年的，其个人合伙人可以按照对初创科技型企业投资额的70%抵扣个人合伙人从有限合伙制创业投资企业分得的经营所得。有限合伙制创业投资企业应在投资满2年的年度终了3个月内，向主管税务机关办理个人所得税投资抵扣备案。

（1）有限合伙制创业投资企业，应同时符合以下条件：

① 在中国境内（不含港、澳、台地区）注册成立、实行查账征收的有限合伙制创业投资企业，且不属于被投资初创科技型企业的发起人；

② 符合《创业投资企业管理暂行办法》（发展改革委等10部委令第39号）规定或者《私募投资基金监督管理暂行办法》（证监会令第105号）关于创业投资基金的特别规定，按照上述规定完成备案且规范运作；

③ 投资后2年内，有限合伙制创业投资企业及其关联方持有被投资初创科技型企业的股权比例合计应低于50%。

（2）有限合伙制创业投资企业多次投资同一初创科技型企业的，应按年度分别备案。

2.11.2 报送资料

有限合伙制创投企业个人所得税投资抵扣报告需要报送的资料见表2-15。

表2-15　有限合伙制创投企业个人所得税投资抵扣报告报送资料

序号	必报资料	数量	备注
1	《有限合伙制创业投资企业个人所得税投资抵扣备案表》	2份	
2	经办人身份证件	1份	原件查验后退回

2.11.3 办理结果

（1）通过办税服务厅（场所）申请办理的，领取《有限合伙制创业投资企业个人所得税投资抵扣备案表》。

（2）通过电子税务局申请办理的，可在电子税务局查询业务办理情况。

> **温馨提示**
>
> 有限合伙制创业投资企业办理个人所得税投资抵扣备案的，应同时将以下资料留存备查：
>
> （1）发展改革或证监部门出具的符合创业投资企业条件的年度证明材料。
>
> （2）初创科技型企业接受现金投资时的投资合同（协议）、章程、实际出资的相关证明材料。
>
> （3）创业投资企业与其关联方持有初创科技型企业的股权比例的说明。
>
> （4）被投资企业符合初创科技型企业条件的有关资料，包括：接受投资时从业人数、资产总额、年销售收入和大学本科以上学历的从业人数比例的情况说明；接受投资时设立时间不超过5年的证明材料；接受投资时以及接受投资后2年内未在境内外证券交易所上市情况说明；研发费用总额占成本费用总额比例的情况说明。

3 跨区经营情况报告

纳税人到外省（自治区、直辖市和计划单列市）临时从事生产、经营活动的，应向经营地税务机关报验登记，接受税务管理。

跨区域涉税事项报验管理包括：跨区域涉税事项报告、跨区域涉税事项报验、跨区域涉税事项反馈。

3.1 跨区域涉税事项报告

3.1.1 事项概述

纳税人跨区域临时从事生产经营活动的，应在开展生产经营活动前，向机构所在地税务机关报告，填报《跨区域涉税事项报告表》。

（1）跨区域涉税事项报验管理以合同执行期限作为有效期限。纳税人跨区域经营合同延期的，可以向经营地或机构所在地税务机关办理报验管理有效期限延期手续。

（2）纳税人在省（自治区、直辖市和计划单列市）内跨县（市、区）临时从事生产经营活动的，是否实施跨区域涉税事项报验管理由各省（自治区、直辖市和计划单列市）税务机关自行确定。

（3）异地不动产转让和租赁业务不适用跨区域涉税事项报验管理相关制度规定。

3.1.2 报送资料

跨区域涉税事项报告需要报送的资料见表3-1。

表 3-1　　　　　　　　跨区域涉税事项报告报送资料

序号	必报资料	数量	备注
1	《跨区域涉税事项报告表》	2份	
2	加载统一社会信用代码的营业执照（或税务登记证、组织机构代码证等）原件，或加盖纳税人公章的复印件	1份	已实名认证的，取消报送。原件查验后退回

3.1.3　办理结果

（1）通过办税服务厅（场所）申请办理的，领取《跨区域涉税事项报告表》。

（2）通过电子税务局申请办理的，可在业务办理结束后，登录电子税务局自行打印《跨区域涉税事项报告表》。

> **温馨提示**
>
> （1）纳税人因合同延期，需办理报验管理有效期延期的，重新填报《跨区域涉税事项报告表》，只需要填写"纳税人名称""纳税人识别号（统一社会信用代码）"以及"延长有效期"栏，并签章。
>
> （2）《跨区域涉税事项报告表》一式二份，纳税人、机构所在地或经营地税务机关各留存一份。

3.2　跨区域涉税事项报验

3.2.1　事项概述

纳税人跨区域临时从事生产经营活动的，首次在经营地办理涉税事宜时，向经营地税务机关报验，接受经营地税务机关管理。纳税人跨区域经营合同延期的，可以向经营地或机构所在地税务机关办理报验管理有效期限延期手续。

3.2.2 报送资料

跨区域涉税事项报验需要报送的资料见表3-2。

表3-2　　　　　　　跨区域涉税事项报验报送资料

序号	必报资料	数量	备注
1	《跨区域涉税事项报告表》	2份	办理报验管理有效期限延期时填报
2	加载统一社会信用代码的营业执照（或税务登记证、组织机构代码证等）原件，或加盖纳税人公章的复印件	1份	已实名认证的，取消报送。原件查验后退回

> **温馨提示**
>
> （1）纳税人因合同延期，需办理报验管理有效期延期的，重新使用《跨区域涉税事项报告表》，但只填写"纳税人名称""纳税人识别号（统一社会信用代码）"以及"延长有效期"栏，并签章。
>
> （2）《跨区域涉税事项报告表》一式二份，纳税人、机构所在地或经营地税务机关各留存一份。

3.3 跨区域涉税事项反馈

3.3.1 事项概述

纳税人跨区域经营活动结束后，应当结清经营地税务机关的应纳税款以及其他涉税事项，向经营地税务机关进行反馈，填报《经营地涉税事项反馈表》。

（1）纳税人在经营地税务机关不存在欠缴税款、多缴（包括预缴、应退未退）税款等未办结事项，才能进行跨区域涉税事项反馈。

（2）经营地税务机关核对《经营地涉税事项反馈表》后，及时将相关信息反馈给机构所在地税务机关。纳税人不需要另行向机构所在地税务机关反馈。

3.3.2 报送资料

跨区域涉税事项反馈需要报送的资料见表3-3。

表3-3　　　　　　　跨区域涉税事项反馈报送资料

序号	必报资料	数量	备注
1	《经营地涉税事项反馈表》	1份	

3.3.3 办理结果

税务机关受理后,纳税人可索取《税务事项通知书》(受理通知)。

> **温馨提示**

(1)不能自行开具增值税发票的小规模纳税人,可向项目所在地主管税务机关申请代开增值税发票。

(2)纳税人跨县(市、区)提供建筑服务,应按照以下规定向建筑服务发生地主管税务机关预缴税款,并及时向机构所在地主管税务机关申报纳税:

① 一般纳税人适用一般计税方法计税的,以取得的全部价款和价外费用扣除支付的分包款后的余额,按照2%的预征率计算应预缴税款;

② 一般纳税人选择适用简易计税方法计税的,以取得的全部价款和价外费用扣除支付的分包款后的余额,按照3%的征收率计算应预缴税款;

③ 小规模纳税人以取得的全部价款和价外费用扣除支付的分包款后的余额,按照3%的征收率计算应预缴税款。

(3)纳税人在同一地级行政区范围内跨县(市、区)提供建筑服务,不适用《纳税人跨县(市、区)提供建筑服务增值税征收管理暂行办法》(国家税务总局公告2016年第17号),不需要在经营地税务机关预缴增值税,直接向机构所在地税务机关申报缴纳。

(4)按照现行规定应当预缴增值税税款的小规模纳税人,凡在预缴地实现的月销售额未超过10万元的,当期无须预缴税款。

案例 3-1

2019年5月，X省A建筑工程有限公司（以下简称A公司，位于B市H区，机构所在地主管税务机关为B市H区税务局）通过招投标方式获得了S省C市某工程项目（该工程项目地点位于C市Y区，按照地域管辖划分，主管税务机关为Y区税务局）的施工许可。该工程项目定于2019年9月1日开始施工，要求于2020年12月31日之前完成施工，为充分预留时间，保证进度，A公司将该项目工期暂定为1年，未进行任何分包。

请回答下列问题：

1. A公司2019年12月10日收到该项目的第一笔预付款项，项目部要求A公司开具发票，在此之前对于该工程项目A公司需要办理哪些涉税事项？去哪里办理？需要提交什么资料？

2. 若该工程项目因诸多因素影响，未在预期的1年内完成施工，需要延期半年，A公司该如何办理跨区域涉税事项的延期申请？在哪里办理？需要提交什么资料？

3. A公司由于会计核算出现的差错，导致在经营地税务机关预缴税款时，申报的销售额小于实际销售额，A公司表示将在机构所在地税务机关补齐税款，是否可以直接进行跨区域涉税事项反馈？

4. 项目完工后，A公司是否需要同时向机构所在地和经营地税务机关进行反馈？

解析

1. 根据《国家税务总局关于明确跨区域涉税事项报验管理相关问题的公告》（国家税务总局公告2018年第38号）第一条规定："纳税人跨省（自治区、直辖市和计划单列市）临时从事生产经营活动的，向机构所在地的税务机关填报《跨区域涉税事项报告表》。"第四条规定："纳税人首次在经营地办理涉税事宜时，向经营地的税务机关报验跨区域涉税事项。"

A公司在开具发票之前，需要办理跨区域涉税事项报告、跨区域涉税事项报验。

（1）跨区域涉税事项报告：A公司应在2019年9月1日工程项目开始施工前，由已实名认证的办税人员，前往X省B市H区税务局办理跨区域涉税事项报告。

办理跨区域涉税事项报告需向税务机关提供2份加盖公章的《跨区域涉税事项报告表》（可自行填写，也可由税务机关提供免填单服务，系统打印出来后，纳税人签章确认）。

（2）跨区域涉税事项报验：A公司可在2019年12月首次在S省C市Y区税务局办理增值税预缴申报和其他税（费）预缴的时候，向经营地Y区税务局办理报验。

办理增值税预缴申报需提供《增值税预缴税款申报表》，并出示与发包方签订的建筑合同复印件（加盖公章）。

跨区域涉税事项报验需提供X省B市H区税务局返还的《跨区域涉税事项报告表》。

2. 根据《国家税务总局关于明确跨区域涉税事项报验管理相关问题的公告》（国家税务总局公告2018年第38号）第二条规定："纳税人跨区域经营合同延期的，可以向经营地或机构所在地的税务机关办理报验管理有效期限延期手续。"A公司可以自行选择在经营地或机构所在地税务机关办理报验管理有效期限延期手续，即X省B市H区税务局或S省C市Y区税务局均可，需提供延期后正确期限的《跨区域涉税事项报告表》。

3. 根据《国家税务总局关于明确跨区域涉税事项报验管理相关问题的公告》（国家税务总局公告2018年第38号）第五条规定："纳税人跨区域经营活动结束后，应当结清经营地税务机关的应纳税款以及其他涉税事项，向经营地的税务机关填报《经营地涉税事项反馈表》。"A公司不可以直接进行跨区域涉税事项反馈，应当在结清经营地S省C市Y区税务局的应纳税款以及其他涉税事项，不存在欠缴税款、多缴（包括预缴、应退未退）税款等未办结事项，才能进行跨区域涉税事项反馈。因此，A公司需要先补缴税款，才能进行跨区域涉税事项反馈。

4. 根据《国家税务总局关于明确跨区域涉税事项报验管理相关问题的公告》（国家税务总局公告2018年第38号）第五条规定："……经营地的税务机关核对《经营地涉税事项反馈表》后，及时将相关信息反馈给机构所在地的税务机关。纳税人不需要另行向机构所在地的税务机关反馈。"

不需要同时向机构所在地和经营地税务机关进行反馈。A公司只需要向经营地S省C市Y区税务局进行跨区域涉税事项反馈，经营地S省C市Y区税务局核对《经营地涉税事项反馈表》后，会及时将相关信息反馈给机构所在地X省B市H区税务局。

4 税务注销

小微企业发生解散、破产、撤销以及其他情形,依法终止纳税义务的,应当在向市场监管部门或者其他机关办理注销前,持有关证件和资料向税务机关申报办理税务注销;按规定不需要在市场监管部门或者其他机关办理注销的,应当自有关机关批准或者宣告终止之日起 15 日内,持有关证件和资料向税务机关申报办理税务注销。

4.1 企业纳税人税务注销

4.1.1 事项概述

已实行"一照一码"登记模式的企业、农民专业合作社在向市场监督管理等部门申请办理注销登记前,需先向税务机关申报清税。清税完毕后,税务机关向纳税人出具《清税证明》,纳税人持《清税证明》到原办理登记的市场监督管理机关办理注销。"一照一码"以外的企业纳税人发生以下情形的,应当向税务机关申请注销税务登记。具体情形如下:

(1)因解散、破产、撤销等情形,依法终止纳税义务的。

(2)按规定不需要在市场监督管理机关或者其他机关办理注销登记的,但经有关机关批准或者宣告终止的。

(3)被市场监管部门吊销营业执照或者被其他机关予以撤销登记的。

(4)外国企业常驻代表机构驻在期届满、提前终止业务活动的。

(5)境外企业在中华人民共和国境内承包建筑、安装、装配、勘探工程和提供劳务,项目完工、离开中国的。

(6)非境内注册居民企业经国家税务总局确认终止居民身份的。

4.1.2 报送资料

(1)"一照一码"纳税人办理税务注销申报需要报送的资料见表 4-1。

表 4-1　　　　　　　　　　税务注销申报报送资料

序号	必报资料	数量	备注
1	《清税申报表》	2份	
2	经办人身份证件原件	1份	查验后退回
以下为条件报送资料			
上级主管、董事会决议注销	上级主管部门批复文件或董事会决议复印件	1份	
境外企业在中国境内承包建筑、安装、装配、勘探工程和提供劳务	项目完工证明、验收证明等相关文件复印件	1份	
已领取发票领用簿的纳税人	《发票领用簿》	1份	

（2）"一照一码"以外的纳税人办理注销税务登记需要报送的资料见表 4-2。

表 4-2　　　　　　　　　　注销税务登记报送资料

序号	必报资料	数量	备注
1	《注销税务登记申请表》	2份	
2	经办人身份证件原件	1份	查验后退回
以下为条件报送资料			
上级主管、董事会决议注销	上级主管部门批复文件或董事会决议复印件	1份	
境外企业在中国境内承包建筑、安装、装配、勘探工程和提供劳务	项目完工证明、验收证明等相关文件复印件	1份	
被市场监督管理机关吊销营业执照	市场监督管理机关发出的吊销工商营业执照决定复印件	1份	

续表

办理税务登记、临时税务登记的纳税人	税务登记证件和其他税务证件	1份	
已领取发票领用簿的纳税人	《发票领用簿》	1份	

4.1.3 办理结果

（1）通过办税服务厅（场所）申请办理的，"一照一码"纳税人领取《清税证明》，"一照一码"以外的纳税人领取《税务事项通知书》（注销税务登记通知）。

（2）通过电子税务局申请办理的，可在业务办理结束后，登录电子税务局自行打印《清税证明》或《税务事项通知书》（注销税务登记通知）。

> **温馨提示**
>
> （1）企业纳税人税务注销根据不同情形有即办流程、一般流程。
> ① 即办流程。
> 符合下列条件的纳税人在办理税务注销时，税务机关提供即时办结服务，采取"承诺制"容缺办理，即时出具清税文书：
> ——未办理过涉税事宜的，主动到税务机关办理清税的纳税人。
> ——经人民法院裁定宣告破产的，持人民法院终结破产程序裁定书向税务机关申请注销的纳税人。
> ——办理过涉税事宜但未领用发票、无欠税（滞纳金）及罚款的纳税人，主动到税务机关办理清税的。
> ——未处于税务检查状态、无欠税（滞纳金）及罚款、已缴销发票及税控系统专用设备，且符合下列情形之一的：纳税信用级别为A级和B级的纳税人，控股母公司纳税信用级别为A级的M级纳税人，省级人民政府引进人才或经省级以上行业协会等机构认定的行业领军人才等创办的企业，未纳入纳税信用级别评价的定期定额个体工商户，未达到

增值税纳税起征点的纳税人。

——对适用税务注销即办流程的纳税人，资料不齐的，税务机关在纳税人作出承诺后，采取"承诺制"容缺办理，即时出具清税文书。

② 一般流程：

不符合免办、即办条件的纳税人，资料齐全、符合法定形式、填写内容完整的，税务机关自受理之日起20个工作日办结。

（2）纳税人申请税务注销前，应当结清应纳税款、多退（免）税款、滞纳金和罚款，缴销发票和其他税务证件。其中：

——企业所得税纳税人在办理税务注销前，就其清算所得向税务机关申报并依法缴纳企业所得税。

——纳税人未办理土地增值税清算手续的，应在申报办理税务注销前进行土地增值税清算。

——出口企业应在结清出口退（免）税款后，申报办理税务注销。

（3）依法终止纳税义务的纳税人，应当在向市场监管部门或者其他机关办理税务注销前向税务机关申报办理税务注销；按规定不需要在市场监管部门或者其他机关办理税务注销的，但经有关机关批准或者宣告终止之日起15日内，申报办理税务注销；被市场监管部门吊销营业执照或者被其他机关予以撤销登记的纳税人，应当自营业执照被吊销或者被撤销登记之日起15日内，申报办理税务注销。

（4）纳税人作出容缺办理承诺，应按承诺的时限补齐资料并办结相关事项。若未履行承诺的，税务机关将对个体工商户业主纳入纳税信用D级管理。

（5）纳税人作出容缺办理承诺，应按承诺的时限补齐资料并办结相关事项。若未履行承诺的，税务机关将对其法定代表人、财务负责人纳入纳税信用D级管理。

（6）处于非正常状态纳税人在办理清税申报前，需先解除非正常状态，补办申报纳税手续。

（7）被调查企业在税务机关实施特别纳税调查调整期间申请注销税务登记的，税务机关在调查结案前原则上不予办理注销手续。

（8）纳税人办理清税申报，无须向税务机关提出终止银税三方（委托）划缴协议。税务机关办结清税申报后，银税三方（委托）划缴协议自动终止。

（9）已办理信息报告的扣缴义务人发生解散、破产、撤销以及其他情形，依法终止纳税义务的，申报办理税务注销时，不需单独提出申请，税务机关在办理税务注销的同时，注销扣缴税款登记。

案例 4-1

A、B、C 三家公司均为办理"一照一码"登记的小微企业。

A 公司于 2019 年 1 月在市场监管部门办理了营业执照，由于一直未发生实际经营行为，因此从未到税务机关办理涉税事宜。

B 公司是一个开办 5 年的企业，领用增值税专用发票和增值税普通发票，纳税信用级别为 A 级，未处于税务检查状态、无欠税（滞纳金）及罚款，现要注销迁移至外省。

C 公司是一个开办 1 年的企业，一直未达到增值税纳税起征点，未领用发票和税控系统专用设备、无欠税（滞纳金）及罚款，未被税务机关列入检查对象。2019 年由于违法经营行为，被市场监管部门吊销营业执照，现申请税务注销。

请问：若 A、B、C 三家公司要办理税务注销，应如何办理？

解析

1. 根据《国家税务总局关于进一步优化办理企业税务注销程序的通知》（税总发〔2018〕149 号）第一条规定："对向市场监管部门申请简易注销的纳税人，符合下列情形之一的，可免予到税务机关办理清税证明，直接向市场监管部门申请办理注销登记。（一）未办理过涉税事宜的；（二）办理过涉税事宜但未领用发票、无欠税（滞纳金）及罚款的。"A 公司为未办理过涉税事宜的纳税人，适用简易注销，免予到税务机关办理清税证明，可直接向市场监管部门申请办理注销登记。

2. 根据《国家税务总局关于进一步优化办理企业税务注销程序的通知》（税总发〔2018〕149号）第二条规定："对向市场监管部门申请一般注销的纳税人，税务机关在为其办理税务注销时，进一步落实限时办结规定。对未处于税务检查状态、无欠税（滞纳金）及罚款、已缴销增值税专用发票及税控系统专用设备，且符合下列情形之一的纳税人，优化即时办结服务，采取'承诺制'容缺办理，即纳税人在办理税务注销时，若资料不齐，可在其作出承诺后，税务机关即时出具清税文书。（一）纳税信用级别为A级和B级的纳税人；（二）控股母公司纳税信用级别为A级的M级纳税人；（三）省级人民政府引进人才或经省级以上行业协会等机构认定的行业领军人才等创办的企业；（四）未纳入纳税信用级别评价的定期定额个体工商户；（五）未达到增值税纳税起征点的纳税人。纳税人应按承诺的时限补齐资料并办结相关事项。若未履行承诺的，税务机关将对其法定代表人、财务负责人纳入纳税信用D级管理。"

B公司是纳税信用级别为A级的纳税人，且未处于税务检查状态、无欠税（滞纳金）及罚款。所以B公司只要缴销完增值税专用发票及税控系统专用设备，由经办人携带有效身份证件，提交《清税申报表》，税务机关即时出具清税文书。在办理税务注销时，若资料不齐，可享受"承诺制"容缺办理，在作出承诺签署《即办〈清税证明〉承诺书》后，税务机关即时出具清税文书。纳税人应按承诺的时限补齐资料并办结相关事项。

3. C公司是未达到增值税纳税起征点的纳税人，且未处于税务检查状态、无欠税（滞纳金）及罚款，无增值税专用发票及税控系统专用设备需要缴销，由经办人携带有效身份证件，提交《清税申报表》和市场监管部门发出的吊销营业执照决定复印件，即可在税务机关即时办结税务注销，税务机关即时出具清税文书。

对于报送资料中市场监管部门发出的吊销营业执照决定复印件：

（1）若经办人已进行实名认证，则免予提供；

（2）若经办人未进行实名认证，则需要提供；若纳税人未携带此资料，可享受"承诺制"容缺办理，在作出承诺签署《即办〈清税证明〉承诺书》后，税务机关即时出具清税文书。纳税人应按承诺的时限补齐资料并办结相关事项。

4.2 个体工商户税务注销

4.2.1 事项概述

已实行"两证整合"登记模式的个体工商户向市场监督管理部门申请办理注销登记前，应当先向税务机关申报清税，清税完毕后，税务机关向纳税人出具《清税证明》，纳税人持《清税证明》到原办理登记的市场监督管理机关办理注销。"两证整合"以外的个体工商户发生以下情形，应当向主管税务机关办理注销登记。具体包括：

（1）因解散、破产、撤销等情形，依法终止纳税义务的。

（2）按规定不需要在市场监管部门或者其他机关办理注销登记的，但经有关机关批准或者宣告终止的。

（3）被市场监管部门吊销营业执照或者被其他机关予以撤销登记的。

4.2.2 报送资料

（1）"两证整合"登记模式的个体工商户办理清税申报需要报送的资料见表4-3。

表4-3　　　　　"两证整合"个体工商户清税申报报送资料

序号	必报资料	数量	备注
1	《清税申报表》	2份	
2	经办人身份证件原件	1份	查验后退回
以下为条件报送资料			
已领取发票领用簿的纳税人	《发票领用簿》	1份	

（2）非"两证整合"登记模式的个体工商户办理注销登记需要报送的资料见表4-4。

表4-4　　　　　　非"两证整合"个体工商户注销登记报送资料

序号	必报资料	数量	备注
1	《注销税务登记申请审批表》	2份	
2	经办人身份证件	1份	原件查验后退回
以下为条件报送资料			
未启用统一社会信用代码的纳税人	税务登记证件和其他税务证件	1份	已实行实名办税的纳税人免予提供
持有增值税防伪税控系统专用设备及其他应收缴的设备的纳税人	提供其持有的增值税防伪税控系统专用设备和其他应收缴的设备	1份	
被市场监管部门吊销营业执照的纳税人	市场监管部门发出的吊销营业执照决定复印件	1份	已实行实名办税的纳税人免予提供

4.2.3　办理结果

（1）通过办税服务厅（场所）申请办理的，"两证整合"的个体工商户领取《清税证明》，非"两证整合"的个体工商户领取《税务事项通知书》（注销税务登记通知）。

（2）通过电子税务局申请办理的，可在业务办理结束后，登录电子税务局自行打印《清税证明》或《税务事项通知书》（注销税务登记通知）。

> **温馨提示**
>
> （1）个体工商户税务注销根据不同情形分为免办流程、即办流程和一般流程。
>
> ① 免办流程：
>
> 符合下列情形之一的纳税人适用简易注销，免予到税务机关办理清

税证明，可直接向市场监管部门申请办理注销登记。

——未办理过涉税事宜的；

——办理过涉税事宜但未领用发票、无欠税（滞纳金）及罚款的。

② 即办流程：

符合下列情形之一，且未处于税务检查状态、无欠税（滞纳金）及罚款、已缴销增值税专用发票及税控系统专用设备的纳税人，税务机关采取"承诺制"容缺办理，提供即时办结服务，即：纳税人在办理税务注销时，若资料不齐，可在其作出承诺，签署《即办〈清税证明〉承诺书》后，税务机关即时出具清税文书。

——未纳入纳税信用级别评价的定期定额个体工商户；

——未达到增值税纳税起征点的纳税人。

③ 一般流程：

不符合上述即办条件的纳税人，资料齐全、符合法定形式、填写内容完整的，查账征收个体工商户注销申请税务机关自受理之日起20个工作日办结；定期定额个体工商户注销申请税务机关自受理之日起5个工作日办结。

（2）纳税人申请税务注销前，应当结清应纳税款、多退（免）税款、滞纳金和罚款，缴销发票和其他税务证件。

（3）依法终止纳税义务的纳税人，应当在向市场监管部门或者其他机关办理注销前向税务机关申报办理税务注销；按规定不需要在市场监管部门或者其他机关办理税务注销的，但经有关机关批准或者宣告终止之日起15日内，申报办理税务注销；被市场监管部门吊销营业执照或者被其他机关予以撤销登记的纳税人，应当自营业执照被吊销或者被撤销登记之日起15日内，申报办理税务注销。

（4）纳税人作出容缺办理承诺，应按承诺的时限补齐资料并办结相关事项。若未履行承诺的，税务机关将对个体工商户业主纳入纳税信用D级管理。

（5）处于非正常状态纳税人在办理两证整合个体工商户清税申报前，需先解除非正常状态，补办申报纳税手续。

发票使用篇

开业以来，李小微一直按时办理纳税申报，但公司业务还没有真正打开局面。这一天，李小微可高兴坏了，之前费了大力气发展的一个客户，终于要和李小微的企业签订合同。但对方是一般纳税人，要求李小微在交易完成后提供增值税专用发票。这将是李小微的企业开出的第一张发票，而且还是增值税专用发票。李小微既激动又忐忑，他打开增值税发票管理系统，插上税控盘，还翻出了参加税务局培训时做的笔记，信心满满地准备开出自己企业的第一张发票。他认真填好购买方的基本信息，选好品名，填好数量、金额。他反复检查了好几遍，生怕有错漏。当他进行到最后一步，点击"开具"按钮时，李小微突然犹豫了，他心想："这笔收入对我的新办企业来说可不是一笔小数目啊。万一对方拒收发票，我缴的税款可够我的企业挣个大半年的了。不行，还是得找王小税。"

王小税接到李小微慌乱中打来的电话，宽慰他道："凡事总有第一次。我看你发给我的截图，操作都是正确的，你只要检查好信息、金额准确无误，就可以放心开具啦。而且因对方拒收而导致你多缴税款的担心完全是多余的。如果是开具信息错误，可以通过发票作废操作，作废原发票后重新开具。如果最后你们的交易没有达成，你还可以通过开具红字增值税专用发票，冲销你的销售额，已缴的税额可以选择留抵或退税。总之，各种情况税务机关都替你考虑到啦，开错发票时只要收回原发票的全部联次就可以进行后续操作啦。熟练开具发票，依法取得发票，能帮助你拓展客户，维持企业财务的健全有序哦。"

发票，是指在购销商品、提供或者接受服务以及从事其他经营活动中，开具、收取的收付款凭证。单位、个人在购销商品、提供或者接受经营服务以及从事其他经营活动中，应当按照规定开具、使用、取得发票。

按照发票开具及管理方式的不同可将发票划分为两类：一是使用增值税发票管理系统开具的发票，主要有增值税专用发票、增值税普通发票（折叠式和卷式）、增值税电子普通发票、机动车销售统一发票、二手车销售统一发票；二是其他方式开具的发票，主要有印有本单位名称的发票、通用机打发票、通用定额发票，以及景点门票、旅客运输发票等其他发票。

增值税专用发票是增值税纳税人销售货物、提供应税劳务或者销售服务、无形资产、不动产等增值税应税行为开具的发票，也是增值税一般纳税人计算抵扣进项税额的原始凭证。增值税专用发票的基本联次包括发票联、抵扣联、记账联，用途如下：发票联是购买方核算采购成本和增值税进项的记账凭证；抵扣联是购买方报送主管税务机关认证和留存备查的凭证；记账联是销售方核算销售收入和增值税销项税额的记账凭证；其他联次用途由纳税人自行确定。

增值税专用发票一般由增值税一般纳税人领用；住宿业，鉴证咨询业，建筑业，工业，信息传输、软件和信息技术服务业，租赁和商务服务业，科学研究和技术服务业，居民服务、修理和其他服务业8个行业小规模纳税人发生增值税应税行为，需要开具增值税专用发票的，可以自愿使用增值税发票管理系统自行开具，不需要到税务机关代开。增值税一般纳税人转登记为小规模纳税人，在转登记日前已作增值税专用发票票种核定的，转登记为小规模纳税人后发生增值税应税行为，可继续使用增值税发票管理系统自行开具。下一步，税务总局还将进一步扩大小规模纳税人自行开具增值税专用发票范围，小规模纳税人（其他个人除外）发生增值税应税行为、需要开具增值税专用发票的，可以自愿使用增值税发票管理系统自行开具。

增值税普通发票主要分为增值税普通发票（折叠票）、增值税普通发票（卷票）、增值税电子普通发票。增值税普通发票（卷票）由纳税人自愿选择使用，重点在生活性服务业纳税人中推广使用；增值税电子普通发票的开票方和受票方需要纸质发票的，可以自行打印增值税电子普通发票的版式文件，其法律效力、基本用途、基本使用规定等与税务机关监制的增值税普通发票相同，重点在电商、电信、金融、快递、公用事业等有特殊需求的纳税人中推行使用电子发票。

机动车销售统一发票，由从事机动车零售业务的单位和个人，在销售机动车（不包括销售旧机动车）收取款项时开具。机动车销售统一发票为电脑六联式发票，各联次的用途如下：发票联作为购货单位付款凭证；抵扣联作为购货单位扣税凭证；报税联由车辆购置税征收单位留存；注册登记联由车辆登记单位留存；记账联作为销货单位记账凭证；存根联由销货单位留存。

二手车销售统一发票，由二手车经销企业、经纪机构和拍卖企业，在销售、中介和拍卖二手车收取款项时开具。二手车销售统一发票包括发票联、转移登记联（公安车辆管理部门留存）、出入库联、记账联、存根联。

纳税人自行开具发票，必须做到按照号码顺序填开，填写项目齐全，内容真实，字迹清楚，全部联次一次打印，内容完全一致，并在发票联和抵扣联加盖发票专用章。

纳税人应当妥善保管发票。发生发票丢失情形时，应当于发现丢失当日书面报告税务机关。

5 发票代开

小微企业在生产经营过程需要使用发票的,应当依法向税务机关申请领用,已登记的小微企业尚未领取发票或发生销售不动产行为,需要开具增值税发票的,可以依照法规、规章以及其他规范性文件的规定,向税务机关申请代开。

代开发票事项包括代开增值税普通发票和代开增值税专用发票。

5.1 代开增值税普通发票

5.1.1 事项概述

增值税小规模纳税人发生增值税应税行为需要开具增值税普通发票的,可以依照法规、规章以及其他规范性文件的规定,向税务机关申请代开。

5.1.2 报送资料

代开增值税普通发票需要报送的资料见表5-1。

表5-1　　　　　　　　代开增值税普通发票报送资料

序号	必报资料	数量	备注
1	《代开增值税发票缴纳税款申报单》	3份	
以下为条件报送资料			
纳税人销售取得的不动产代开增值税普通发票	加载统一社会信用代码的营业执照(或税务登记证、组织机构代码证等)原件	1份	原件查验后退回
	经办人身份证件	1份	原件查验后退回
纳税人出租不动产、转让取得的不动产	不动产权属资料原件及复印件	1份	原件查验后退回
	不动产合同、协议或者税务机关认可的其他资料原件和复印件	1份	原件查验后退回

5.1.3 办理结果

（1）通过办税服务厅（场所）申请办理的，现场领取增值税普通发票。

（2）通过电子税务局申请办理的，可在业务办理结束后，选择办税服务厅（场所）窗口、自助办税终端系统等渠道打印代开的增值税普通发票。

（3）通过自助办税终端系统申请办理的，可在业务办理结束后，直接在自助办税终端系统自行打印代开的增值税普通发票。

温馨提示

（1）同一申请代开发票的单位和个人，在一个纳税期内累计开票金额超过增值税免税标准的，应在超过起征点的当次将该纳税期内开票金额一并计算征税。

（2）因开具错误、销货退回、销售折让、服务中止等原因，纳税人需作废已代开增值税发票的，可凭已代开发票在代开当月向原代开税务机关提出作废申请；不符合作废条件的，可以通过开具红字发票处理；纳税人需要退回已征收税款的，可以向税务机关申请退税。

（3）纳税人申请代开增值税普通发票时，购买方为企业的，应在《代开增值税发票缴纳税款申报单》表中的"购买方纳税人识别号"栏填写购买方的纳税人识别号或统一社会信用代码。

（4）小规模纳税人转让其取得的不动产，不能自行开具增值税发票的，可向不动产所在地主管税务机关申请代开。

（5）销售不动产，纳税人代开增值税发票时，应在"货物或应税劳务、服务名称"栏填写不动产名称及房屋产权证书号码（无房屋产权证书的可不填写），不动产的详细地址，"单位"栏填写面积单位。

（6）小规模纳税人中的单位和个体工商户出租不动产，不能自行开具增值税发票的，可向不动产所在地主管税务机关申请代开增值税发票。出租不动产，纳税人代开增值税发票时，提供不动产的详细地址。

5.2 代开增值税专用发票

5.2.1 事项概述

已办理税务登记的小规模纳税人（包括个体经营者）以及国家税务总局确定的其他可以代开增值税专用发票的纳税人发生增值税应税行为、需要开具增值税专用发票时，可向主管税务机关申请代开。

5.2.2 报送资料

（1）代开增值税专用发票的货物运输业小规模纳税人需要报送的资料见表5-2。

表5-2　货物运输业小规模纳税人代开增值税专用发票报送资料

序号	必报资料	数量	备注
1	《货物运输业代开增值税专用发票缴纳税款申报单》	3份	
2	加载统一社会信用代码的营业执照（或税务登记证、组织机构代码证）复印件	1份	
3	经办人身份证件原件及复印件	1份	原件查验后退回

（2）代开增值税专用发票的其他小规模纳税人需要报送的资料见表5-3。

表5-3　其他小规模纳税人代开增值税专用发票报送资料

序号	必报资料	数量	备注
1	《代开增值税发票缴纳税款申报单》	3份	
2	经办人身份证件原件及复印件	1份	原件查验后退回
以下为条件报送资料			
纳税人销售取得的不动产代开增值税普通发票	加载统一社会信用代码的营业执照（或税务登记证、组织机构代码证等）原件	1份	原件查验后退回
	经办人身份证件	1份	原件查验后退回

5.2.3 办理结果

（1）通过办税服务厅（场所）申请办理的，现场领取增值税专用发票。

（2）通过电子税务局申请办理的，可在业务办理结束后，通过办税服务厅（场所）窗口、自助办税终端系统等渠道打印代开的增值税专用发票。

（3）通过自助办税终端系统申请办理的，可在业务办理结束后，直接在自助办税终端系统自行打印代开的增值税专用发票。

> **温馨提示**
>
> （1）增值税小规模纳税人月销售额未超过10万元的，当期因开具增值税专用发票已经缴纳的税款，在增值税专用发票全部联次追回或者按规定开具红字专用发票后，可以向主管税务机关申请退还。
>
> （2）因开具错误、销货退回、销售折让、服务中止等原因，纳税人需作废已代开增值税发票的，可凭已代开发票在代开当月向原代开税务机关提出作废申请；不符合作废条件的，可以通过开具红字发票处理；纳税人需要退回已征收税款的，可以向税务机关申请退税。
>
> （3）纳税人应在代开增值税专用发票的备注栏上，加盖本单位的发票专用章。
>
> （4）销售免税货物不得开具专用发票，法律、法规及国家税务总局另有规定的除外。
>
> （5）纳税人申请代开下列增值税发票时，应在《代开增值税发票缴纳税款申报单》备注相关信息：
>
> ①代开建筑服务发票，需备注建筑服务发生地县（市、区）名称及项目名称；
>
> ②代开销售不动产发票，需备注不动产的详细地址；
>
> ③代开出租不动产发票，需备注不动产的详细地址；
>
> ④代开货物运输发票，需备注起运地、到达地、车种车号以及运输货物信息等内容。
>
> （6）中国境内提供公路货物运输和内河货物运输且具备相关运输

资格并已纳入税收管理的小规模纳税人,应将营运资质和营运机动车、船舶信息向登记地主管税务机关进行一次备案。

（7）纳税人在境内提供公路或内河货物运输服务,需要开具增值税专用发票的,可在税务登记地、货物起运地、货物到达地或运输业务承揽地（含互联网物流平台所在地）中任何一地,就近向税务机关申请代开增值税专用发票。

（8）申请代开增值税专用发票的货物运输业小规模纳税人,应符合以下条件：

① 在中华人民共和国境内提供公路或内河货物运输服务,并办理了工商登记和税务登记。

② 提供公路货物运输服务的（以4.5吨及以下普通货运车辆从事普通道路货物运输经营的除外）,取得《中华人民共和国道路运输经营许可证》《中华人民共和国道路运输证》；提供内河货物运输服务的,取得《国内水路运输经营许可证》《船舶营业运输证》。

③ 在税务登记地主管税务机关按增值税小规模纳税人管理。

（9）小规模纳税人转让其取得的不动产,不能自行开具增值税发票的,可向不动产所在地主管税务机关申请代开；小规模纳税人中的单位和个体工商户出租不动产,不能自行开具增值税发票的,可向不动产所在地主管税务机关申请代开增值税发票；纳税人向其他个人出租不动产,不得开具或申请代开增值税专用发票。

（10）纳税人销售旧货,应开具普通发票,不得自行开具或者由税务机关代开增值税专用发票。

（11）国家税务总局确定的试点行业小规模纳税人,发生增值税应税行为,需要开具增值税专用发票的,可以自愿使用增值税发票管理系统自行开具；试点行业纳税人销售其取得的不动产,应当向不动产所在地税务机关申请代开增值税专用发票。

（12）接受税务机关委托代征税款的保险业、证券业、信用卡业和旅游业企业,向代理人或经纪人支付佣金费用后,可由代理人或经纪人统一向主管税务机关申请汇总代开增值税普通发票或增值税专用发票。

代开增值税发票时，应向主管税务机关出具个人保险代理人的姓名、身份证号码、联系方式、付款时间、付款金额、代征税款的详细清单。主管税务机关为个人保险代理人汇总代开增值税发票时，在备注栏内注明"个人保险代理人汇总代开"字样。

（13）小规模纳税人跨县（市、区）提供建筑服务，不能自行开具增值税发票的，可向建筑服务发生地主管税务机关按照其取得的全部价款和价外费用申请代开增值税发票。

案例 5-1

A公司为增值税小规模纳税人，主营业务为室内装修和装饰，领用增值税普通发票。2019年5月，A公司为新成立的B公司进行整体室内装修和装饰，装修完毕后，B公司要求A公司开具增值税专用发票结款。若A公司选择在税务机关窗口代开增值税专用发票，该如何办理？

解析

根据《国家税务总局关于纳税人申请代开增值税发票办理流程的公告》（国家税务总局公告2016年第59号）第一条①规定，其他纳税人申请代开发票，提交加载统一社会信用代码的营业执照（或税务登记证或组织机构代码证）、经办人身份证件及复印件，提交《代开增值税发票缴纳税款申报单》，在同一窗口缴纳有关税费，领取发票。

A公司选择在税务机关窗口代开增值税专用发票，由已完成实名认证的办税人员持身份证件前往，仅需填写《代开增值税发票缴纳税款申报单》，在同一窗口缴纳有关税费、领取发票，并在备注栏上加盖A公司的发票专用章。

---

① 2016年11月15日起施行。根据《国家税务总局关于修改部分税收规范性文件的公告》（国家税务总局公告2018年第31号），于2018年6月5日修改。

根据《国家税务总局关于进一步明确营改增有关征管问题的公告》（国家税务总局公告2017年第11号）第九条[①]规定，自2017年6月1日起，将建筑业纳入增值税小规模纳税人自行开具增值税专用发票试点范围。月销售额超过3万元（或季销售额超过9万元）的建筑业增值税小规模纳税人提供建筑服务、销售货物或发生其他增值税应税行为，需要开具增值税专用发票的，通过增值税发票管理新系统自行开具。各类建筑物、构筑物及其附属设施的建造、修缮、装饰、线路、管道、设备、设施等的安装以及其他工程作业的业务活动属于建筑业，包括工程服务、安装服务、修缮服务、装饰服务和其他建筑服务。A公司提供室内装修、装饰服务，属于建筑业的范畴，也可以向税务机关申请领用增值税专用发票自行开具。

5.3 代开发票作废

5.3.1 事项概述

纳税人代开发票后，发生销货退回或销售折让、开票有误、应税服务中止等情形，需作废已代开增值税发票的，可凭已代开发票在代开当月向原代开税务机关提出作废申请；不符合作废条件的，可以通过开具红字发票方式对原代开发票进行对冲处理。

5.3.2 报送资料

代开发票作废需要报送的资料见表5-4。

表5-4　　　　　　　　代开发票作废报送资料

序号	必报资料	数量	备注
1	已开具发票各联次	—	
2	经办人身份证件	1份	原件查验后退回

[①] 2017年6月1日起施行。根据《国家税务总局关于修改部分税收规范性文件的公告》（国家税务总局公告2018年第31号），于2018年6月5日修改。

5.3.3 办理结果

通过办税服务厅（场所）申请办理的，现场作废各联次发票。

> **温馨提示**
>
> （1）小规模纳税人月销售额未超过10万元（按季30万元）的，当期因开具增值税专用发票已经缴纳的税款，在增值税专用发票全部联次追回或者按规定开具红字专用发票后，可以向主管税务机关申请退还。
>
> （2）因开具错误、销货退回、销售折让、服务中止等原因，纳税人作废已代开增值税发票或通过开具红字发票处理后，需退回已征收税款的，可以向税务机关申请退税。

6 发票领用和开具

因生产经营需要领用发票的纳税人，可向主管税务机关办理发票领用手续。主管税务机关根据纳税人的经营范围和规模，确认领用发票的种类、数量以及领用方式。

自开发票相关涉税业务包括首次申领增值税发票，非首次申领增值税发票，增值税专用发票（增值税税控系统）最高开票限额申请，增值税税控系统专用设备发行，抄报税，红字增值税专用发票开具申请，发票缴销，发票或税控系统专用设备丢失（损毁）报备。

6.1 首次申领增值税发票

6.1.1 事项概述

纳税人在办理信息报告后，因生产经营需要，可向税务机关提出领用发票的申请，确定领用发票的种类、单次（月）领用数量、开票限额。

6.1.2 报送资料

首次申领增值税发票需要报送的资料见表6-1。

表6-1　　　　　　首次申领增值税发票报送资料

序号	必报资料	数量	备注
1	《纳税人领用发票票种核定表》	1份	
2	加载统一社会信用代码的营业执照或登记证件原件	1份	原件查验后退回
3	经办人身份证件	1份	原件查验后退回

续表

以下为条件报送资料			
领用增值税专用发票、机动车销售统一发票、增值税普通发票和增值税电子普通发票	金税盘（税控盘）、报税盘		通过网上领用可不携带相关设备
领用税控收款机发票	税控收款机用户卡		

6.1.3 办理结果

（1）通过办税服务厅（场所）申请办理的，领取《税务事项通知书》（发票票种核定）。

（2）通过电子税务局申请办理的，可在业务办理结束后，登录电子税务局自行打印《税务事项通知书》（发票票种核定）。

温馨提示

（1）纳税人要按照税务机关核定的发票的种类、单次（月）领用数量、开票限额领用发票。

（2）申请开具增值税专用发票的纳税人，需进行增值税一般纳税人登记（已纳入增值税小规模纳税人自行开具增值税专用发票试点范围的纳税人，可以不办理增值税一般纳税人登记手续），办理完毕发票票种核定后，再办理增值税专用发票（增值税税控系统）最高开票限额申请。

（3）国家税务总局确定的试点行业小规模纳税人，发生增值税应税行为，需要开具增值税专用发票的，可以自愿使用增值税发票管理系统自行开具：

① 住宿业小规模纳税人提供住宿服务、销售货物或发生其他应税行为；

② 鉴证咨询业增值税小规模纳税人提供认证服务、鉴证服务、咨询服务、销售货物或发生其他增值税应税行为；

③ 建筑业增值税小规模纳税人提供建筑服务、销售货物或发生其他增值税应税行为；

④ 工业以及信息传输、软件和信息技术服务业增值税小规模纳税人发生增值税应税行为；

⑤ 租赁和商务服务业，科学研究和技术服务业，居民服务、修理和其他服务业增值税小规模纳税人发生增值税应税行为；

⑥ 已作增值税专用发票票种核定的一般纳税人申请转登记为小规模纳税人后发生增值税应税行为。

（4）2020年2月1日起，增值税小规模纳税人（其他个人除外）发生增值税应税行为，需要开具增值税专用发票的，可以自愿使用增值税发票管理系统自行开具。

案例 6-1

A公司在某网购平台开办旗舰店，因客流量较大，日常通过邮寄方式为客户寄递纸质发票的工作量越来越大。财务人员李先生通过税务局宣传了解到增值税电子普通发票可通过网络直接交付给客户，使用非常方便，李先生想申请使用电子发票。

请回答下列问题：
1. 符合什么条件的纳税人可以申请领用增值税电子普通发票？
2. 申请领用增值税电子普通发票需要提供什么资料？如何办理？
3. 使用增值税电子普通发票有什么需要注意的事项？

解析

根据《国家税务总局关于推行通过增值税电子发票系统开具增值税电子普通发票有关问题的公告》（国家税务总局公告2015年第84号）的规定，通过增值税电子发票系统开具的增值税电子普通发票，降低纳税人经营成本，方便消费者保存使用发票。增值税电子普通发票的开票方和受票方需要纸质发票的，可以自行打印增值税电子普通发票的版式文件，其法律效力、基本用途、基本使用规定等与税务机关监制的增值税普通发票相同。

1. 有意愿使用电子发票的增值税纳税人，均可向主管税务机关申领使用增值税电子普通发票。

2. 申请领用增值税电子普通发票，一是办理发票票种核定，需携带《纳税人领用发票票种核定表》、营业执照（已实名认证的不需要提供）、经办人身份证件等资料；二是携带增值税税控系统专用设备办理变更发行；三是领用增值税电子普通发票。

3. 增值税电子普通发票一旦开具暂不能作废。增值税电子普通发票开具后，如发生开票有误、销货退回或销售折让等情形，应开具红字增值税电子普通发票，无须退回增值税电子普通发票。

6.2 非首次申领增值税发票

6.2.1 事项概述

纳税人因生产经营情况发生变化，需要调整发票种类、单次（月）领用数量、开票限额的，可以向税务机关提出发票票种核定调整申请。日常领用发票时，纳税人需要对已开具的发票先进行验旧，将已开具发票的相关信息通过电子或纸质方式报送税务机关查验，再领用发票。

6.2.2 报送资料

（1）非首次申领增值税发票需要报送的资料见表6-2。

表6-2　　　　　　非首次申领增值税发票报送资料

序号	必报资料	数量	备注
1	经办人身份证件	1份	原件查验后退回
以下为条件报送资料			
领用增值税专用发票、机动车销售统一发票、增值税普通发票和增值税电子普通发票	增值税税控系统专用设备		
领用税控收款机发票	税控收款机用户卡		

（2）发票票种核定调整需要报送的资料见表6-3。

表6-3　　　　　　发票票种核定调整报送资料

序号	必报资料	数量	备注
1	《纳税人领用发票票种核定表》	1份	
2	加载统一社会信用代码的营业执照或登记证件原件	1份	原件查验后退回，已实名认证的，取消报送
3	经办人身份证件	1份	原件查验后退回

6.2.3　办理结果

（1）纳税人接收税务机关反馈的验旧结果，领取纸质发票或者电子发票。电子发票只发放电子数据。

（2）发票票种核定调整后，纳税人领取《税务事项通知书》（发票票种核定）。

温馨提示

（1）纳税人在每个申报期内第一次领用发票前，需要完成纳税申报和报税清卡事项。

（2）辅导期一般纳税人、纳税信用 D 级纳税人 1 个月内多次领用增值税专用发票的，应从当月第二次领用增值税专用发票起，按照上一次已领用并开具的增值税专用发票销售额的 3% 预缴增值税。

（3）对于实行纳税辅导期管理的增值税一般纳税人、纳税信用 D 级领用的增值税专用发票未使用完而再次领用的，纳税人申请领用的增值税专用发票的份数不得超过核定的每次领用专用发票份数与未使用完的专用发票份数的差额。

（4）纳税信用 A 级的纳税人可一次领取不超过 3 个月的增值税发票用量。纳税信用 B 级的纳税人可一次领取不超过 2 个月的增值税发票用量。以上两类纳税人生产经营情况发生变化，需要调整增值税发票用量，手续齐全的，按照规定即时办理。

（5）开具发票的单位和个人应当按照税务机关的规定存放和保管发票，不得擅自损毁。已经开具的发票存根联和发票登记簿，应当保存 5 年。

（6）开具发票的单位和个人应当按照税务机关的规定存放和保管发票，不得擅自损毁。已经开具的发票存根联和发票领用簿，应当保存 5 年。

（7）2019 年 9 月 20 日起，纳税人需要通过增值税发票管理系统开具 17%、16%、11%、10% 税率蓝字发票的，应向主管税务机关提交《开具原适用税率发票承诺书》，办理临时开票权限。临时开票权限有效期限为 24 小时，纳税人应在获取临时开票权限的规定期限内开具原适用税率发票。纳税人办理临时开票权限，应保留交易合同、红字发票、收讫款项证明等相关材料，以备查验。

案例 6-2

2019 年 4 月 30 日，Z 酒店的办税人员李先生发现本月由于接待团队较多，领用的 300 份增值税普通发票已所剩无几，正值酒店开票高峰期，剩余发票明显不够用。

已知：Z酒店为增值税一般纳税人，纳税信用等级为A级，核定的增值税普通发票每月最高领票量为300份，请问：李先生可以通过哪几种方法领取新发票？

解析

1.Z酒店纳税信用级别为A级，根据《国家税务总局关于发布〈纳税信用管理办法（试行）〉的公告》（国家税务总局公告2014年第40号）第二十九条第（二）项规定："一般纳税人可单次领取3个月的增值税发票用量，需要调整增值税发票用量时即时办理。"

（1）李先生4月已领用1个月的发票用量，当月还可继续领用2个月的发票。

（2）李先生可申请调整发票用量，携带本人有效身份证件、《纳税人领用发票票种核定表》和《发票领用簿》前往税务机关办理。办理完毕后进行增值税税控系统专用设备变更发行，即可重新领用发票。

2.若当地税务机关建设有24小时自助办税服务区，法定节假日李先生也可自行前往自助办税终端领用发票。

6.3 增值税专用发票（增值税税控系统）最高开票限额申请

6.3.1 事项概述

纳税人在首次申请使用增值税专用发票时，应同时办理增值税专用发票（增值税税控系统）最高开票限额申请。

纳税人因生产经营情况发生变化，需要调整增值税专用发票最高开票限额，应向税务机关办理增值税专用发票（增值税税控系统）最高开票限额申请。

6.3.2 报送资料

增值税专用发票（增值税税控系统）最高开票限额申请需要报送的资

料见表 6-4。

表 6-4 增值税专用发票（增值税税控系统）最高开票限额申请报送资料

序号	必报资料	数量	备注
1	《税务行政许可申请表》	1 份	
2	《增值税专用发票最高开票限额申请单》	2 份	
3	经办人身份证件	1 份	原件查验后退回
以下为条件报送资料			
委托代理人提出申请还应报送	代理委托书原件	1 份	
	代理人身份证件	1 份	原件查验后退回

6.3.3 办理结果

（1）通过办税服务厅（场所）申请办理的，准予行政许可的领取《准予税务行政许可决定书》《增值税税控开票系统安装使用通知书》，不予行政许可的领取《不予税务行政许可决定书》，签收《税务文书送达回证》。

（2）通过电子税务局申请办理的，可在业务办理结束后，登录电子税务局自行打印《准予税务行政许可决定书》《增值税税控开票系统安装使用通知书》，或《不予税务行政许可决定书》。

温馨提示

经税务机关核准后，纳税人凭《增值税税控开票系统安装使用通知书》购买增值税税控系统专用设备，凭《准予税务行政许可决定书》携带增值税税控系统专用设备，在税务机关办理增值税税控系统专用设备的初始发行或变更发行。

6.4 增值税税控系统专用设备发行（变更、注销）

6.4.1 事项概述

纳税人在初次使用或重新领购增值税税控系统专用设备开具发票之前，需向税务机关申请增值税税控系统专用设备的初始发行。

纳税人基本信息和发票信息发生变化的，需向税务机关申请增值税税控系统专用设备的变更发行。

纳税人发生税务注销、终止纳税义务和减少分开票机等情况的，需向税务机关申请增值税税控系统专用设备的注销发行。

6.4.2 报送资料

增值税税控系统专用设备发行（变更、注销）需要报送的资料见表6–5。

表6–5　增值税税控系统专用设备发行（变更、注销）报送资料

序号	必报资料		数量	备注
1	增值税税控系统专用设备		—	
2	经办人身份证件		1份	原件查验后退回
以下为条件报送资料				
申请领用增值税专用发票或变更增值税专用发票最高开票限额的纳税人提供	增值税税控系统最高开票限额《税务事项通知书》（发票票种核定通知）或《准予税务行政许可决定书》		1份	
初始发行纳税人提供	《增值税税控系统安装使用告知书》		1份	
注销发行纳税人提供	清税申报表（注销申请表）		2份	

6.4.3 办理结果

（1）办理初始发行和变更发行的，纳税人领取发行后的增值税税控系统专用设备。

（2）办理注销发行的，纳税人领取税务机关反馈《增值税税控系统专用设备注销发行登记表》。

> **温馨提示**

（1）纳税人进行初始发行后，可携带相关资料领取增值税发票。

（2）使用增值税发票管理系统的纳税人需每月进行抄报税。

（3）变更的内容包括：纳税人名称变更；纳税人除名称外其他税务登记基本信息变更；纳税人发行授权信息变更；因纳税人金税盘、税控盘、报税盘损坏，而对其金税盘、税控盘、报税盘进行变更；因纳税人开票机数量变化而进行发行变更；增值税发票管理系统离线开票时限和离线开票总金额变更；购票人员姓名、密码发生变更等。

（4）税控系统专用设备信息中涉及发票票种、票量、最高开票限额调整的，需进行发票票种调整及增值税专用发票（增值税税控系统）最高开票限额申请。

（5）纳税人需要增加分开票机的，必须对原有的主开票机税控系统专用设备进行变更。

（6）注销发行前，应事前办理空白发票的退回或缴销，以及抄报税。

（7）纳税人有下列情形之一的，需要上缴税控系统专用设备：

① 依法税务注销、终止纳税义务；

② 减少分开票机；

③ 根据国家税务总局的统一部署，需更换新型号防伪税控系统专用设备的，其旧型号防伪税控系统专用设备需办理注销发行；

④ 纳税人当前使用的税控系统专用设备发生损毁或盗失等情况，若继续使用的，做更换金税设备处理，不再继续使用的，报税务机关备案并办理注销发行。

（8）纳税人因生产经营地变更，需要调整主管税务机关的，仅做注销发行，不上缴税控系统专用设备。

（9）纳税人取得由服务单位开具的增值税税控系统专用设备销

售发票（初次购买）以及相关的技术维护费发票，可以按规定按照发票票面的价税合计全额抵减增值税税款，不足抵减的可结转下期继续抵减。

6.5 存根联数据采集

6.5.1 事项概述

使用增值税发票管理系统的纳税人应于每月申报期内向税务机关报送增值税发票数据，税务机关对数据进行比对校验，接收数据。

6.5.2 报送资料

存根联数据采集需要报送的资料见表 6-6。

表 6-6　　　　　　　存根联数据采集报送资料

以下为条件报送资料		
因金税盘、税控盘等损坏而导致无法报送电子数据的纳税人	已开具增值税发票存根联（记账联）（作废发票应报送全部联次）	补录退回
按照有关规定不使用网络办税或不具备网络条件的特定纳税人	金税盘（税控盘）、报税盘	

6.5.3 办理结果

办理结束后向纳税人反馈数据采集结果，将金税盘、税控盘或报税盘等增值税税控系统专用设备和增值税发票退还纳税人。

> **温馨提示**
>
> （1）为便于完成增值税申报，纳税人应当在申报前进行抄报税。
>
> （2）使用增值税发票管理系统的纳税人按季申报增值税的，每月仍需登录增值税发票管理系统抄报税。
>
> （3）纳税人应在互联网连接状态下在线使用增值税发票管理系统

开具发票，系统可自动上传已开具的发票明细数据。纳税人因网络故障等原因无法在线开票的，在税务机关设定的离线开票时限和离线开具发票总金额范围内仍可开票，超限将无法开具发票。纳税人开具发票次月仍未连通网络上传已开具发票明细数据的，也将无法开具发票。纳税人需连通网络上传发票数据后方可开票，若仍无法连通网络的需携带税控系统专用设备到税务机关处理。

（4）按照有关规定不使用网络办税或不具备网络条件的特定纳税人，以离线方式开具发票，不受离线开票时限和离线开具发票总金额限制。特定纳税人需携带税控系统专用设备和相关资料到税务机关进行存根联数据采集。以离线方式开具发票的纳税人，因金税盘、税控盘同时损坏等原因不能报税的，纳税人应提供当月全部增值税发票到税务机关进行数据采集。

6.6 红字增值税专用发票开具申请

6.6.1 事项概述

纳税人开具或申请代开增值税专用发票后，发生销货退回、开票有误、应税服务中止以及发票抵扣联、发票联均无法认证等情形但不符合作废条件，或者因销货部分退回、发生销售折让，需要开红字专用发票的，需取得税务机关系统校验通过的《开具红字增值税专用发票信息表》。未使用增值税税控系统自行开具增值税专用发票的纳税人可到税务机关前台申请开具红字专用发票。

6.6.2 报送资料

红字增值税专用发票开具申请需要报送的资料见表6–7。

表6–7　　　　　　红字增值税专用发票开具申请报送资料

以下为条件报送资料			
申请开具红字发票信息表	《开具红字增值税专用发票信息表》	1份	可通过互联网上传电子信息

续表

作废开具红字发票信息表	已开具《开具红字增值税专用发票信息表》	1份	
	《作废红字发票信息表申请表》	1份	

6.6.3 办理结果

（1）通过办税服务厅（场所）申请办理的，领取《开具红字增值税专用发票信息表》。

（2）通过增值税发票管理系统申请办理的，直接打印《开具红字增值税专用发票信息表》。

> **温馨提示**
>
> （1）购买方取得专用发票已用于申报抵扣的，购买方可在增值税发票管理系统中填开并上传《开具红字增值税专用发票信息表》，在填开《开具红字增值税专用发票信息表》时不填写相对应的蓝字专用发票信息，应暂依《开具红字增值税专用发票信息表》所列增值税税额从当期进项税额中转出，待取得销售方开具的红字专用发票后，与《开具红字增值税专用发票信息表》一并作为记账凭证。
>
> （2）购买方取得专用发票未用于申报抵扣、但发票联或抵扣联无法退回的，购买方填开《开具红字增值税专用发票信息表》时应填写相对应的蓝字专用发票信息。
>
> （3）销售方开具专用发票尚未交付购买方，以及购买方未用于申报抵扣并将发票联及抵扣联退回的，但不符合发票作废条件的，销售方可在增值税发票管理系统中填开并上传《开具红字增值税专用发票信息表》。销售方填开《开具红字增值税专用发票信息表》时应填写相对应的蓝字专用发票信息。
>
> （4）销售方凭税务机关系统校验通过的《开具红字增值税专用发

票信息表》开具红字专用发票,在增值税发票管理系统中以销项负数开具。红字专用发票应与《开具红字增值税专用发票信息表》一一对应。

(5)纳税人需要开具红字机动车销售统一发票需与原蓝字机动车销售统一发票一一对应。

(6)《开具红字增值税专用发票信息表》填开错误且尚未使用的,纳税人可申请作废。

(7)纳税人已使用增值税发票管理系统的,可在开票系统中申请并获取校验结果,即在开票系统中通过上传《开具红字增值税专用发票信息表》(也可凭《开具红字增值税专用发票信息表》电子信息或纸质资料到税务机关申请校验),系统自动校验通过后,生成带有"红字发票信息表编号"的《开具红字增值税专用发票信息表》,并将信息同步至纳税人端系统中。

(8)一般纳税人转登记为小规模纳税人,在一般纳税人期间发生的增值税应税销售行为,发生销售折让、中止或者退回等情形,需要开具红字发票的,按照原蓝字发票记载的内容开具红字发票;开票有误需要重新开具的,先按照原蓝字发票记载的内容开具红字发票后,再重新开具正确的蓝字发票。

(9)2019年9月20日起,纳税人需要通过增值税发票管理系统开具17%、16%、11%、10%税率蓝字发票的,应向主管税务机关提交《开具原适用税率发票承诺书》,办理临时开票权限。临时开票权限有效期限为24小时,纳税人应在获取临时开票权限的规定期限内开具原适用税率发票。纳税人办理临时开票权限,应保留交易合同、红字发票、收讫款项证明等相关材料,以备查验。

案例 6-3

A公司开具给其客户B公司一张增值税专用发票,B公司在收到发票后,已通过增值税发票综合服务平台进行勾选确定,并已申报抵扣。

A公司财务人员在后续检查票据时发现其销售金额录入错误，需要对这张发票进行红字冲回，A公司该如何操作？

解析

根据《国家税务总局关于红字增值税发票开具有关问题的公告》（国家税务总局公告2016年第47号）的规定，购买方取得专用发票已用于申报抵扣的，购买方可在增值税发票管理新系统中填开并上传《开具红字增值税专用发票信息表》。

因该张发票已被B公司认证，并申报抵扣，因此需要购买方B公司在增值税发票管理系统中填开并上传《开具红字增值税专用发票信息表》。在填开《开具红字增值税专用发票信息表》时不填写相对应的蓝字专用发票信息，应暂依《开具红字增值税专用发票信息表》所列增值税税额从当期进项税额中转出。

B公司在红字信息表审核通过后，需要将红字信息表编号传递至销售方A公司。销售方A公司凭税务机关系统校验通过的《开具红字增值税专用发票信息表》开具红字专用发票，在增值税发票管理系统中以销项负数开具，红字专用发票应与《开具红字增值税专用发票信息表》一一对应。销售方A公司将开具的红字专用发票传递给B公司，B公司与《开具红字增值税专用发票信息表》一并作为记账凭证。

6.7 发票缴销

6.7.1 事项概述

纳税人因信息变更或税务注销，跨区域经营活动结束，发票换版、损毁等原因按规定需要缴销发票的，到税务机关进行缴销处理。

6.7.2 报送资料

发票缴销需要报送的资料见表6-8。

表 6-8　　　　　　　　发票缴销报送资料

序号	必报资料	数量	备注
1	需缴销的空白发票	—	

6.7.3　办理结果

办税服务厅办理结束后，纳税人领取税务机关剪角处理后的空白发票。

> **温馨提示**
>
> （1）纳税人应当按照税务机关的规定存放和保管发票，已开具的发票存根联，应当保存5年，不得擅自损毁。
>
> （2）临时到本省、自治区、直辖市以外从事经营活动的单位或者个人，向经营地税务机关领用经营地发票。纳税人跨区域经营活动结束，应当向经营地税务机关结清税款、缴销发票。
>
> （3）开具发票的纳税人应当在办理信息变更（指纳税人因住所、经营地点变动，涉及改变主管税务机关的）或者税务注销的同时，办理发票的缴销手续。
>
> （4）一般纳税人转登记为小规模纳税人，可以继续使用现有增值税税控系统专用设备开具增值税发票，不需要缴销增值税税控系统专用设备和增值税发票。

案例 6-4

A公司因经营需要，将其经营所在地由W县迁移至同市的Z区，在W县办税服务厅办理迁出业务时，A公司的发票及税控系统专用设备该如何处置？

解析

根据《全国税务机关纳税服务规范3.0》关于发票缴销业务的处理规范，做如下处置：

1. 发票处理。根据迁出业务办理的要求，A公司必须办理发票缴销手续。对已开具的发票进行验旧处理，空白发票进行缴销。
2. 税控系统专用设备。A公司办理迁出业务时，需要先进行抄报税处理，税控系统专用设备仅做注销发行，不要求上缴。待迁入后，在迁入地税控系统专用设备进行初始发行后仍可继续使用。

6.8 发票、税控系统专用设备遗失（损毁）报告

6.8.1 事项概述

纳税人发生发票丢失、被盗、损毁致使无法辨认代码或号码、灭失的，应当向税务机关报告。

增值税纳税人使用的税控系统专用设备丢失、被盗，应及时向主管税务机关报告。

6.8.2 报送资料

发票、税控系统专用设备遗失（损毁）报告需要报送的资料见表6-9。

表6-9　发票、税控系统专用设备遗失（损毁）报告报送资料

	以下为条件报送资料		
丢失发票的纳税人（丢失机动车销售统一发票的消费者除外）	《发票挂失/损毁报告表》	1份	
	《挂失/损毁发票清单》	1份	发票遗失、损毁且发票数量较大在报告表中无法全部反映
丢失机动车销售统一发票的消费者	机动车销售统一发票存根联复印件	1份	加盖销售单位发票专用章

续表

丢失（被盗）税控专用设备	《丢失、被盗防伪税控系统专用设备情况表》	2份	
	税控系统专用设备遗失相关情况的书面报告	—	

6.8.3 办理结果

（1）纳税人丢失、被盗、毁损发票的，接收税务机关处理反馈。

（2）纳税人丢失、被盗税控系统专用设备的，领取《丢失、被盗防伪税控系统专用设备情况表》。

温馨提示

（1）使用发票的纳税人发生发票丢失情形时，应当于发现丢失当日书面报告税务机关。

（2）增值税纳税人使用的税控系统专用设备丢失、被盗后，应及时向主管税务机关报告。

案例 6-5

A公司财务人员在公司搬迁过程中遗失一个保险箱，保险箱内不仅有12份增值税专用发票、税控系统专用设备，还有已开具即将交付B公司的增值税专用发票发票联、抵扣联各2份。

A公司该如何处理此次遗失事件，如何才能重新领用税控系统专用设备及空白发票？

解析

根据《国家税务总局关于简化增值税发票领用和使用程序有关问题的公告》（国家税务总局公告 2014 年第 19 号）的规定，一般纳税人丢失已开具专用发票的发票联和抵扣联，如果丢失前已认证相符的，购买方可凭销售方提供的相应专用发票记账联复印件及销售方主管税务机关出具的《丢失增值税专用发票已报税证明单》或《丢失货物运输业增值税专用发票已报税证明单》，作为增值税进项税额的抵扣凭证；如果丢失前未认证的，购买方凭销售方提供的相应专用发票记账联复印件进行认证，认证相符的可凭专用发票记账联复印件及销售方主管税务机关出具的《丢失增值税专用发票已报税证明单》，作为增值税进项税额的抵扣凭证。专用发票记账联复印件和《丢失增值税专用发票已报税证明单》留存备查。

一般纳税人丢失已开具专用发票的抵扣联，如果丢失前已认证相符的，可使用专用发票发票联复印件留存备查；如果丢失前未认证的，可使用专用发票发票联认证，专用发票发票联复印件留存备查。

一般纳税人丢失已开具专用发票的发票联，可将专用发票抵扣联作为记账凭证，专用发票抵扣联复印件留存备查。

根据《国家税务总局关于公布取消一批税务证明事项以及废止和修改部分规章规范性文件的决定》（国家税务总局令第 48 号）规定，对遗失发票与税收票证取消登报要求。

A 公司的处理如下：

1. 丢失空白发票处理。发生增值税专用发票丢失情形时，应当于发现丢失当日书面报告税务机关。

2. 丢失税控系统专用设备处理。发生税控系统专用设备丢失、被盗情形时，应及时向主管税务机关书面报告。专用设备丢失被盗业务处理完毕后，到服务单位领用新的税控系统专用设备，并由税务机关进行更换税控系统专用设备操作，新设备发行完成后可正常领用空白发票。

如税控系统专用设备丢失前，尚有已开具发票未进行抄报税处理，需携带发票存根联进行存根联补录抄税。

3.丢失增值税专用发票处理。因A公司发票尚未交付给B公司，属于丢失前未认证的，购买方B公司凭销售方A公司提供的相应专用发票记账联复印件进行认证，认证相符的可凭专用发票记账联复印件及销售方主管税务机关出具的《丢失增值税专用发票已报税证明单》，作为增值税进项税额的抵扣凭证。专用发票记账联复印件和《丢失增值税专用发票已报税证明单》留存备查。

其他丢失增值税专用发票处理及抵扣方式如下：

一般纳税人丢失已开具专用发票的发票联和抵扣联，如果丢失前已认证相符的，购买方可凭销售方提供的相应专用发票记账联复印件及销售方主管税务机关出具的《丢失增值税专用发票已报税证明单》，作为增值税进项税额的抵扣凭证。

一般纳税人丢失已开具专用发票的抵扣联，如果丢失前已认证相符的，可使用专用发票发票联复印件留存备查；如果丢失前未认证的，可使用专用发票发票联认证，专用发票发票联复印件留存备查。

一般纳税人丢失已开具专用发票的发票联，可将专用发票抵扣联作为记账凭证，专用发票抵扣联复印件留存备查。

7 其他发票业务

纳税人在日常生产经营需要办理的发票业务事项，除了常用的发票领用、开具外，还有一些发票业务事项与纳税申报事项密切相关，这些发票业务包括：发票认证，海关缴款书核查申请，未按期申报抵扣增值税扣税凭证抵扣申请，发票真伪鉴别等。

7.1 发票认证

7.1.1 事项概述

纳税人取得增值税专用发票或机动车销售统一发票的，应自开具之日起360天内进行认证，对发票信息进行识别、确认。

增值税一般纳税人取得增值税发票（包括增值税专用发票、机动车销售统一发票、收费公路通行费增值税电子普通发票）后，可以自愿使用增值税发票综合服务平台查询、选择用于申报抵扣、出口退税或者代办退税的增值税发票信息。

7.1.2 报送资料

发票认证需要报送的资料见表7-1。

表7-1　　　　　　　　发票认证报送资料

序号	必报资料	数量	备注
1	增值税专用发票或者机动车销售统一发票的抵扣联原件	—	
以下为条件报送资料			
抵扣联无法认证的纳税人	发票联原件	—	
纳税人丢失已开具增值税专用发票的发票联和抵扣联，且丢失前未认证的	相应专用发票记账联复印件	—	

7.1.3 办理结果

在业务办理结束后,可通过增值税发票综合服务平台自行查询发票确认汇总信息。

> **温馨提示**
>
> (1)增值税一般纳税人取得增值税专用发票、机动车销售统一发票、收费公路通行费增值税电子普通发票后,通过增值税发票综合服务平台"抵扣勾选"模块对具有抵扣用途的发票进行勾选确认。
>
> (2)纳税人可在增值税发票综合服务平台"抵扣勾选"模块中,使用"发票抵扣勾选""发票批量抵扣勾选""逾期发票抵扣勾选"功能勾选用于申报抵扣的发票,勾选时支持修改有效抵扣税额;使用"发票不抵扣勾选"功能,对不用于申报的发票进行勾选;在申报期内使用"抵扣勾选统计"功能进行抵扣申请,并在抵扣申请处理完成后对抵扣统计表进行签名确认,完成签名确认后填写申报表进行申报;对于抵扣勾选、确认签名的操作期为税款所属期,请关注税款所属期的申报截止日期,每个属期内支持多次勾选、撤销勾选、申请统计、撤销统计、签名确认(未完成申报之前)等操作。
>
> (3)每个税款所属期的勾选时间范围为当期已申报结束或征期结束后至下期申报当天或征期结束当天。即当期勾选、确认的开始时间为纳税人完成上一期申报的当天,结束时间为纳税人完成当期申报的当天;若纳税人当期一直未进行申报或系统未接收到当期已申报的结果,当期勾选的截止时间为纳税人所在地税务机关设置的当期申报截止期当天。
>
> (4)除发票状态、管理状态为正常外,其他异常发票不允许勾选。对于勾选为抵扣的发票默认全额抵扣,纳税人可根据实际情况自行调整有效抵扣税额。
>
> (5)纳税人通过税务机关、自助办税终端为扫描认证的发票,增值税发票综合服务平台默认为勾选状态,纳税人如需申报抵扣,应在本平台先完成确认签名;支持撤销勾选操作,再次勾选时,税款所属期归

属在勾选提交时的当期。

（6）对于已勾选的发票，纳税人可以在模块中撤销勾选，但在申报期内，如纳税人已经在"抵扣勾选统计"模块进行了申请统计，系统将锁定当期的勾选操作；如需继续勾选发票，可在撤销统计成功后继续进行发票勾选或撤销勾选。

（7）纳税人每日可登录增值税发票综合服务平台，查询、选择、确认用于申报抵扣或者出口退税的增值税发票信息。

（8）纳税人通过增值税发票综合服务平台"抵扣勾选统计"模块，查询当前税款所属期所认证数据，生成当前税款所属期可用于申报抵扣的发票汇总统计表及异常发票统计表，或历史税款所属期发票统计表及异常发票统计表。申报期内，申请统计完成后正式进行申报前，需在增值税发票综合服务平台对抵扣统计表进行签名确认操作，才能进行纳税申报。

（9）申报期内，对已勾选数据进行申请统计后，系统将自动锁定当期抵扣勾选操作；如需继续勾选发票，可在撤销统计成功后继续进行发票勾选或撤销勾选操作。对抵扣统计表签名确认后申报完成前，支持撤销统计。系统将自动撤销抵扣统计表和确认签名。撤销完成后可以继续勾选发票，修正完毕后需再次进行申请统计和确认签名操作。

案例 7-1

小周为 X 省 A 公司的会计，于 2019 年 5 月 20 日前往税务机关办理了增值税一般纳税人登记，选择当月生效。5 月底，A 公司收到销售方开具的 8 张增值税专用发票。A 公司老板嘱咐小周，"小周啊，你得赶紧拿着这几张别人开给我们的进项发票，去税务局扫描认证一下，我们公司去年扣了不少分，被评为了 D 级，好像必须得去办税服务厅扫描认证，这个进项发票也不知道认证有效期有多长，你抓紧时间去办一下，免得过期，下个月可以抵扣不少税款"。

请回答下列问题:

1. 如果你是小周,面对老板交代的认证发票任务,是否一定要去办税服务厅扫描认证?
2. 目前有哪些类型的纳税人可使用增值税发票综合服务平台?
3. 纳税人取得增值税专用发票,多长时间内可以进行认证?

解析

根据《国家税务总局关于扩大小规模纳税人自行开具增值税专用发票试点范围等事项的公告》(国家税务总局公告2019年第8号)的规定,扩大取消增值税发票认证的纳税人范围。将取消增值税发票认证的纳税人范围扩大至全部一般纳税人。一般纳税人取得增值税发票(包括增值税专用发票、机动车销售统一发票、收费公路通行费增值税电子普通发票)后,可以自愿使用增值税发票选择确认平台查询、选择用于申报抵扣、出口退税或者代办退税的增值税发票信息。

A公司可自愿使用增值税发票综合服务平台查询、选择用于申报抵扣、出口退税或者代办退税的增值税发票信息,不需要到办税服务厅认证。自2019年3月1日起所有增值税一般纳税人(包括纳税信用级别为A、B、M、C、D级别的纳税人),取得增值税发票后,均可每日登录本省增值税发票综合服务平台,查询、选择、确认用于申报抵扣或者出口退税的增值税发票信息。

根据《国家税务总局关于进一步明确营改增有关征管问题的公告》(国家税务总局公告2017年第11号)第十条①规定:"自2017年7月1日起,增值税一般纳税人取得的2017年7月1日及以后开具的增值税专用发票和机动车销售统一发票,应自开具之日起360日内认证或登录增值税发票选择确认平台进行确认,并在规定的纳税申报期内,向主管税务机关申报抵扣进项税额。增值税一般纳税人取得的2017年

---

① 2017年7月1日起施行。根据《国家税务总局关于修改部分税收规范性文件的公告》(国家税务总局公告2018年第31号),于2018年6月5日修改。

7月1日及以后开具的海关进口增值税专用缴款书，应自开具之日起360日内向主管税务机关报送《海关完税凭证抵扣清单》，申请稽核比对。纳税人取得的2017年6月30日前开具的增值税扣税凭证，仍按《国家税务总局关于调整增值税扣税凭证抵扣期限有关问题的通知》（国税函〔2009〕617号）执行。"纳税人取得增值税专用发票或机动车销售统一发票的，应自开具之日起360天内进行对发票信息进行勾选、确认。

7.2 未按期申报增值税扣税凭证继续抵扣申请

7.2.1 事项概述

纳税人发生真实交易且存在以下客观原因的，可以向税务机关申请继续申报抵扣其进项税额：

（1）增值税一般纳税人取得的增值税扣税凭证已认证、已选择确认或已采集上报信息，但未按照规定期限申报抵扣的；

（2）实行纳税辅导期管理的增值税一般纳税人，取得的增值税扣税凭证稽核比对结果相符但未按照规定期限申报抵扣的；

（3）实行海关进口增值税专用缴款书"先比对后抵扣"管理办法的增值税一般纳税人，取得的增值税扣税凭证稽核比对结果相符但未按规定期限申报抵扣的。

7.2.2 报送资料

未按期申报增值税扣税凭证继续抵扣申请需要报送的资料见表7-2。

表7-2　　未按期申报增值税扣税凭证继续抵扣申请报送资料

序号	必报资料	数量	备注
1	《未按期申报抵扣增值税扣税凭证抵扣申请单》	1份	
2	《已认证增值税扣税凭证清单》	1份	

续表

序号	必报资料	数量	备注
3	增值税扣税凭证未按期申报抵扣情况说明	1份	
4	未按期申报抵扣增值税扣税凭证复印件	1份	

7.2.3 办理结果

（1）通过办税服务厅（场所）申请办理的，审核通过的领取《未按期申报抵扣增值税扣税凭证允许继续抵扣通知单》。

（2）通过电子税务局申请办理的，可在业务办理结束后，登录电子税务局自行打印《未按期申报抵扣增值税扣税凭证允许继续抵扣通知单》。

> **温馨提示**
>
> （1）纳税人凭税务机关出具的《未按期申报抵扣增值税扣税凭证允许继续抵扣通知单》第一联进行申报，并作为申报资料附件报送主管税务机关，第二联留存备查。
>
> （2）增值税一般纳税人除以下客观原因规定以外的其他原因造成增值税扣税凭证未按期申报抵扣的，仍按照现行增值税扣税凭证申报抵扣有关规定执行。
>
> ① 因自然灾害、社会突发事件等不可抗力原因造成增值税扣税凭证未按期申报抵扣；
>
> ② 有关司法、行政机关在办理业务或者检查中，扣押、封存纳税人账簿资料，导致纳税人未能按期办理申报手续；
>
> ③ 税务机关信息系统、网络故障，导致纳税人未能及时取得认证结果通知书或稽核结果通知书，未能及时办理申报抵扣；
>
> ④ 由于企业办税人员伤亡、突发危重疾病或者擅自离职，未能办理交接手续，导致未能按期申报抵扣；
>
> ⑤ 国家税务总局规定的其他情形。
>
> （3）纳税人应在增值税扣税凭证未按期申报抵扣情况说明上详细

说明未能按期申报抵扣的原因,并加盖企业印章。

① 对客观原因不涉及第三方的,纳税人应说明的情况具体为:发生自然灾害、社会突发事件等不可抗力原因的,纳税人应详细说明自然灾害或者社会突发事件发生的时间、影响地区、对纳税人生产经营的实际影响等;

② 企业办税人员擅自离职,未办理交接手续的,纳税人应详细说明事情经过、办税人员姓名、离职时间等,并提供解除劳动关系合同及企业内部相关处理决定。对客观原因涉及第三方的,应提供第三方证明或说明。具体为:企业办税人员伤亡或者突发危重疾病的,应提供公安机关、交通管理部门或者医院证明;

③ 有关司法、行政机关在办理业务或者检查中,扣押、封存纳税人账簿资料,导致纳税人未能按期办理申报手续的,应提供相关司法、行政机关证明。对于因税务机关信息系统或者网络故障原因造成纳税人增值税扣税凭证未能按期申报抵扣的,主管税务机关予以核实。

(4)增值税一般纳税人可通过增值税发票综合服务平台"逾期抵扣申请"模块提交逾期抵扣申请,查询税务机关审核结果,审核通过的逾期抵扣凭证,在"逾期抵扣勾选"模块勾选抵扣。

7.3 逾期增值税抵扣凭证抵扣申请

7.3.1 事项概述

增值税一般纳税人发生真实交易,但由于客观原因造成增值税扣税凭证(包括增值税专用发票、海关进口增值税专用缴款书和机动车销售统一发票)未能按照规定期限办理认证、确认或者稽核比对抵扣的,经主管税务机关核实、逐级上报,由省税务机关认证并稽核比对后,对比对相符的增值税扣税凭证,允许纳税人继续抵扣其进项税额。

7.3.2 报送资料

逾期增值税抵扣凭证抵扣申请需要报送的资料见表7-3。

表 7-3 逾期增值税抵扣凭证抵扣申请报送资料

序号	必报资料	数量	备注
1	《逾期增值税扣税凭证抵扣申请单》	1 份	
2	增值税扣税凭证逾期情况说明	1 份	
3	逾期增值税扣税凭证电子信息		
4	逾期增值税扣税凭证复印件	1 份	
以下为条件报送资料			
客观原因涉及第三方	第三方证明或说明	1 份	

7.3.3　办理结果

（1）通过办税服务厅（场所）申请办理的，审核通过的领取《逾期增值税扣税凭证允许继续抵扣通知单》。

（2）通过电子税务局申请办理的，可在业务办理结束后，登录电子税务局自行打印《逾期增值税扣税凭证允许继续抵扣通知单》。

温馨提示

（1）客观原因包括如下类型：

① 因自然灾害、社会突发事件等不可抗力因素造成增值税扣税凭证逾期；

② 增值税扣税凭证被盗、抢，或者因邮寄丢失、误递导致逾期；

③ 有关司法、行政机关在办理业务或者检查中，扣押增值税扣税凭证，纳税人不能正常履行申报义务，或者税务机关信息系统、网络故障，未能及时处理纳税人网上认证数据等导致增值税扣税凭证逾期；

④ 买卖双方因经济纠纷，未能及时传递增值税扣税凭证，或者纳税人变更纳税地点，注销旧户和重新办理税务登记的时间过长，导致增值税扣税凭证逾期；

⑤ 由于企业办税人员伤亡、突发危重疾病或者擅自离职，未能办理交接手续，导致增值税扣税凭证逾期；

⑥ 国家税务总局规定的其他情形。

增值税一般纳税人由于除上述客观原因以外的其他原因造成增值税扣税凭证逾期的，仍应按照增值税扣税凭证抵扣期限有关规定执行。

（2）增值税扣税凭证逾期情况说明（加盖企业公章）。纳税人应详细说明未能按期办理认证或者申请稽核比对的原因。

① 客观原因不涉及第三方的，纳税人应说明的情况具体为：发生自然灾害、社会突发事件等不可抗力原因的，纳税人应详细说明自然灾害或者社会突发事件发生的时间、影响地区、对纳税人生产经营的实际影响等；纳税人变更纳税地点，注销旧户和重新办理税务登记的时间过长，导致增值税扣税凭证逾期的，纳税人应详细说明办理搬迁时间、注销旧户和注册新户的时间、搬出及搬入地点等；企业办税人员擅自离职，未办理交接手续的，纳税人应详细说明事情经过、办税人员姓名、离职时间等，并提供解除劳动关系合同及企业内部相关处理决定。

② 客观原因涉及第三方的，应提供第三方证明或说明。具体为：企业办税人员伤亡或者突发危重疾病的，应提供公安机关、交通管理部门或者医院证明；有关司法、行政机关在办理业务或者检查中，扣押增值税扣税凭证，导致纳税人不能正常履行申报义务的，应提供相关司法、行政机关证明；增值税扣税凭证被盗、抢的，应提供公安机关证明；买卖双方因经济纠纷，未能及时传递增值税扣税凭证的，应提供卖方出具的情况说明；邮寄丢失或者误递导致增值税扣税凭证逾期的，应提供邮政单位出具的说明。

③ 由于税务机关自身原因造成纳税人增值税扣税凭证逾期的，主管税务机关在上报文件中说明相关情况。具体为：税务机关信息系统或者网络故障，未能及时处理纳税人网上认证数据的，主管税务机关详细说明信息系统或网络故障出现、持续的时间，故障原因及表现等。

（3）增值税一般纳税人可通过增值税发票综合服务平台"逾期抵扣申请"模块提交逾期抵扣申请，查询税务机关审核结果，审核通过的逾期抵扣凭证，在"逾期抵扣勾选"模块勾选抵扣。

7.4 海关缴款书核查申请

7.4.1 事项概述

对于稽核比对结果为不符、缺联的海关缴款书,纳税人应持海关缴款书原件向主管税务机关申请数据修改或者核对。属于纳税人数据采集错误的,数据修改后再次进行稽核比对;不属于数据采集错误的,纳税人可向主管税务机关申请数据核对,主管税务机关会同海关进行核查。2020年2月1日起,经核查,海关缴款书票面信息与纳税人实际进口货物业务一致的,纳税人登录选择确认平台查询、选择用于申报抵扣或出口退税的海关缴款书信息。

7.4.2 报送资料

海关缴款书核查申请需要报送的资料见表7-4。

表7-4　　　　　　海关缴款书核查申请报送资料

序号	必报资料	数量	备注
1	《"异常"海关进口增值税专用缴款书数据核对申请书》	1份	
2	海关进口增值税专用缴款书原件		查验后退回

7.4.3 办理结果

(1)纳税人通过办税服务厅办理的,对海关回函结果为"有一致的入库信息"的海关缴款书,主管税务机关及时以《海关缴款书核查结果通知书》通知纳税人申报抵扣税款。

(2)纳税人通过电子税务局办理的,可以通过电子税务局查询《海关缴款书核查结果通知书》。

> **温馨提示**
>
> （1）对于稽核比对结果为不符、缺联的海关缴款书，纳税人应持海关缴款书原件向主管税务机关申请数据修改或者核对。属于纳税人数据采集错误的，数据修改后再次进行稽核比对；不属于数据采集错误的，纳税人可向主管税务机关申请数据核对，主管税务机关会同海关进行核查。经核查，海关缴款书票面信息与纳税人实际进口货物业务一致的，纳税人登录选择确认平台查询、选择用于申报抵扣或出口退税的海关缴款书信息。
>
> （2）对于稽核比对结果为重号的海关缴款书，由主管税务机关进行核查。经核查，海关缴款书票面信息与纳税人实际进口货物业务一致的，纳税人可登录选择确认平台查询、选择用于申报抵扣或出口退税的海关缴款书信息。
>
> （3）对于稽核比对结果为滞留的海关缴款书，可继续参与稽核比对，纳税人不需申请数据核对。

7.5 发票真伪鉴别

7.5.1 事项概述

用票单位和个人、法定第三方需鉴别本省、自治区、直辖市税务机关监制的发票真伪以及国家税务总局监制的发票真伪的，可以通过全国增值税发票查验平台自行查验，或向税务机关提出鉴别需求。

7.5.2 报送资料

发票真伪鉴别需要报送的资料见表7-5。

表7-5　　　　　　　　发票真伪鉴别报送资料

序号	必报资料	数量	备注
1	待鉴别发票	—	查验后退回

续表

	以下为条件报送资料		
申请人为行政执法部门的	待鉴别发票复印件或者电子数据	1份	
	单位介绍信	1份	
申请人为单位的	加载统一社会信用代码的营业执照或登记证件	1份	原件查验后退回

7.5.3 办理结果

（1）用票单位和个人申请鉴别发票的，税务机关告知鉴定结果。

（2）行政执法部门申请鉴别发票的，鉴定结果为假发票的，税务机关出具书面鉴定结果。

温馨提示

纳税人可登录全国增值税发票查验平台（https://inv-veri.chinatax.gov.cn），对增值税发票管理系统开具的增值税专用发票、增值税普通发票、机动车销售统一发票和增值税电子普通发票的发票信息进行查验。